Thomas Brezina

Unheimliche Feriengeschichten mit der Knickerbocker-Bande

Hallo Detektive,
hier mein ganz persönlicher
Steckbrief!

Name: Thomas Brezina
Größe: 1,76 m
Gewicht: 60 kg (schwankt ...)
Haarfarbe: dunkelbraun
Augenfarbe: braun

BESONDERE KENNZEICHEN:
Ich sammle verrückte und coole Uhren. Eine davon zeigt mir immer an, wie viel Uhr es dort ist, wo die Knickerbocker-Bande gerade einen Fall löst.

MEINE ERINNERUNGEN AN DIE SCHULE:
Ich habe in der Schule gern Zeichnen, Englisch und Mathematik gehabt. Gehasst habe ich Latein und – Überraschung – auch Deutsch. Mein Lehrer hat immer nur Rechtschreibfehler gesucht, deshalb ist mir die Freude am Schreiben verloren gegangen.

MEINE LIEBLINGSBESCHÄFTIGUNGEN:
Schreiben, Reisen, Musicals, Kino, TV, Lesen, mit meinem Hund Daffi spazieren gehen, Schwimmen und natürlich schwierige Kriminalfälle lösen!

MEIN LIEBLINGSESSEN:
Am allerliebsten esse ich Sushi. Das ist roher Fisch auf Reisbällchen und schmeckt bedeutend besser, als es klingt.

MEIN GEBURTSDATUM:
Ich bin Wassermann und am 10. Tag dieses Sternzeichens geboren. Kombiniert: Wann ist mein Geburtstag?

MEINE KNICKERBOCKER-KRIMIS:
Sie fallen mir beim Duschen, Spazierengehen, mitten in der Nacht, im Flugzeug oder an sonstigen ungewöhnlichen Orten ein.

MEINE BERUFSWÜNSCHE:
Ich wäre gern Detektiv geworden. Aber ich fürchte, dazu hatte ich damals nicht genug Mut und Ausdauer. Und jetzt kann ich mir keinen anderen Beruf vorstellen als den, für euch spannende Geschichten zu schreiben.

Wenn ihr noch Fragen habt: www.thomasbrezina.com

Thomas Brezina

Unheimliche Feriengeschichten mit der Knickerbocker-Bande

Mit Illustrationen
von Bernhard Förth
und Ulrich Reindl

Ravensburger Buchverlag

AXEL

POPPI

DIE KNICKERBOCKER-BANDE

NAME: Axel Klingmeier
SPITZNAME: früher Schrumpf-
kopf und Gnomi
ALTER: fast 14 Jahre
STERNZEICHEN: Steinbock
COOL FINDE ICH: Sport
TOTAL UNCOOL: Langweiler,
Oberlehrer, Wichtigtuer
LIEBLINGSSPEISE: alles
BESONDERE KENNZEICHEN:
Bin früher oft verspottet worden,
weil ich klein bin. Heute traut
sich das keiner mehr.

NAME: Lieselotte (Lilo) Schroll
SPITZNAME: Superhirn
ALTER: fast 14 Jahre
STERNZEICHEN: Krebs
COOL FINDE ICH: Skifahren,
Rafting, Krimis, starke Ideen und
Mut
TOTAL UNCOOL: Feiglinge; Leute,
die nicht lachen können; Trauerklöße
LIEBLINGSSPEISE: Chinesisches Essen
BESONDERE KENNZEICHEN: Habe zwei blonde Zöpfe,
auf die ich besonders stolz bin.

NAME: Paula Monowitsch
SPITZNAME: Poppi (Paula finde
ich einen Horrornamen)
ALTER: fast 10 Jahre
STERNZEICHEN: Fische
COOL FINDE ICH: meine Tiere,
Tierschutz-Organisationen, Poster
TOTAL UNCOOL: Tierquäler; Leute,
die behaupten, nie Angst zu haben
LIEBLINGSSPEISE: Fruchtsalat und Melonen,
aber kein Fleisch

BESONDERE KENNZEICHEN: Ich besitze einen Minizoo
mit zwei Hunden, einem Papagei, drei Katzen, Kanin-
chen, Goldfischen, Ratten und einem Weihnachtskarp-
fen, den ich vor der Pfanne gerettet habe.

NAME: Dominik Kascha
SPITZNAME: (verrate ich nicht)
ALTER: fast 11 Jahre
STERNZEICHEN: Waage
COOL FINDE ICH: Lesen, Rätsel,
Leute mit Durchblick
TOTAL UNCOOL: Quatschköpfe,
erhobene Zeigefinger, strenge
Erwachsene
LIEBLINGSSPEISE: Spaghetti

BESONDERE KENNZEICHEN: Meine Eltern sind Schauspieler, und auch ich stehe bereits auf der Bühne und
vor der Filmkamera.

Einmalige Sonderausgabe
als Ravensburger Taschenbuch Band 54209,
erschienen 2003

Die Originalausgabe von „Wettlauf nach Atlantis"
erschien 1997 in der hpt-Verlagsgesellschaft m. b. H. und Co. KG, Wien
Die Erzählung „Das Hotel des Grauens"
erschien erstmals 1996 in dem Band „Geheimakte Y"
in der hpt-Verlagsgesellschaft m. b. H. und Co. KG, Wien

© für diese Ausgabe
2003 Ravensburger Buchverlag Otto Maier GmbH
Umschlagkonzeption: Eva Bender
Umschlagillustration: Ferenc B. Regös

Printed in Germany

Die Schreibweise entspricht den Regeln
der neuen Rechtschreibung.

ISBN 3-473-54209-1

www.thomasbrezina.com
www.ravensburger.de

Inhalt

Hallo, Detektivkollegen!

Unheimlich sind fast alle unsere Fälle. Aber einige Male haben wir es mit Vorgängen zu tun bekommen, die uns weit mehr als ein Rätsel aufgegeben haben.

Hat Professor Hieronymus Bock wirklich das sagenhafte versunkene Königreich Atlantis gefunden? Ist der Spuk im Horrorhotel auf den Klippen von Dover vielleicht doch echt?

Achtung: Du kannst bei unseren Ermittlungen mitmachen. Immer wenn du auf das folgende Zeichen triffst, ist deine Mitarbeit gefragt.

Versuch, eine Antwort zu finden! Lies erst dann weiter! Ob du mit deiner Antwort richtig liegst, erfährst du im Laufe der Nachforschungen.

Also dann: Bleib auf der Spur!

Dominik   Poppi   Lilo   Axel

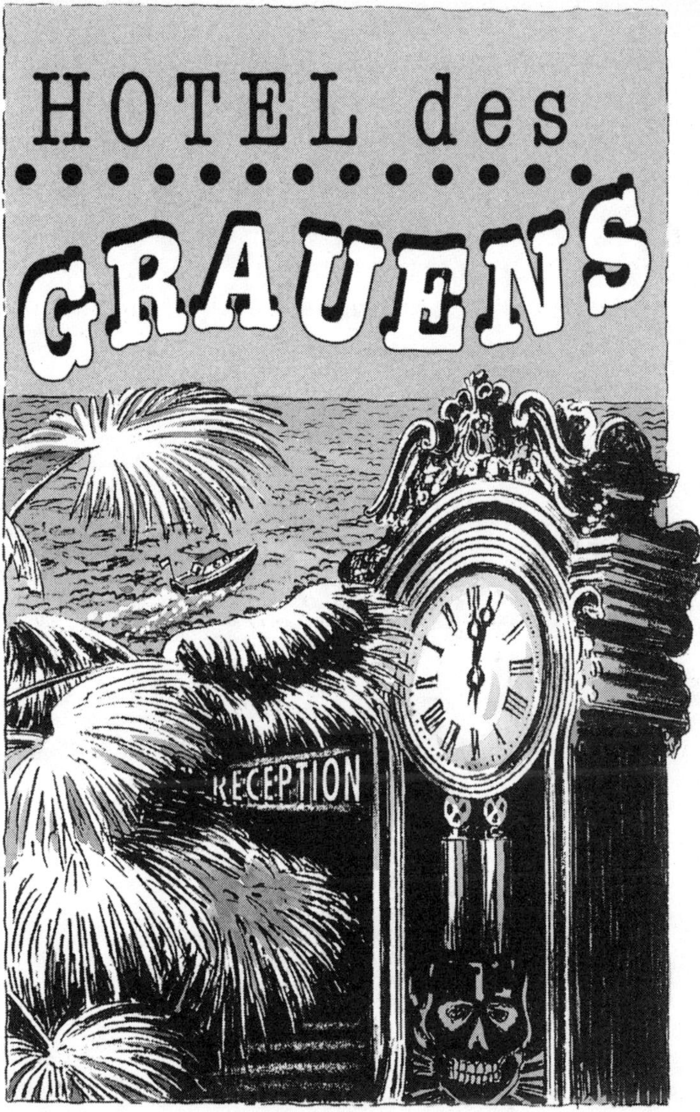
HOTEL des
GRAUENS
RECEPTION

Inhalt

Axel, der Geisterjäger

Die Luft knisterte vor Spannung.

Die vier Knickerbocker hatten sich in dem winzigen Hotelzimmer geschickt verteilt. Lilo und Poppi lagen in dem altmodischen Himmelbett und taten so, als würden sie schlafen. Die beiden Jungen standen links und rechts von der Tür.

Axel hatte einen Eimer mit eiskaltem Wasser in der Hand und Dominik hielt einen Fotoapparat. Die Herzen der vier klopften laut. Die Juniordetektive spürten, wie die Aufregung durch ihre Arme und Beine kribbelte.

In der Halle des Hotels begann die uralte Standuhr zu schlagen.

Es war Mitternacht.

Bestimmt würde das erste Gespenst nicht lange auf sich warten lassen.

Das Horrorhotel war für den schaurigen Spuk berühmt. Die vier Freunde waren allerdings sicher, dass es sich nicht um echte Geistererscheinungen handelte. Mit Hilfe des kalten Wassers wollten sie das herausfinden. Sollten sie es freilich gegen alle Erwartungen doch mit einem Wesen aus dem Jenseits zu tun bekommen, wollte Dominik es fotografieren.

Mit großen Augen starrten die Knickerbocker zur Tür. Waren schon Schritte auf dem Gang zu hören? Bewegte sich der Türknauf?

Irgendwo im Hotel kreischte jemand. War die Schwarze Frau aufgetaucht?

Ketten rasselten, ein klagendes Heulen erhob sich, und das Klopfen eines Holzstockes kam näher.

Bisher waren die vier sehr cool geblieben. Damit war es jetzt aber vorbei. Poppi zog sich die Bettdecke bis zum Kinn und versuchte sich zu beruhigen: „Es ist alles nicht echt! Es ist alles Theater!"

Lilo, Axel und Dominik spürten, wie sich ihre Muskeln anspannten. Ihre Aufregung wuchs von Sekunde zu Sekunde. Ihre Sicherheit über die Unechtheit des Spuks war geschwunden.

Plötzlich polterte es im einzigen Schrank, der im Zimmer stand. Die Schranktür flog auf, und ein Mann in einer grauen, zerschlissenen Seefahreruniform torkelte heraus. Er hatte ein Holzbein und eine Hakenhand und fuchtelte mit einem Degen durch die Luft.

„Wie … wie ist der in den Schrank gekommen?", stotterte Lieselotte, die sonst nichts so leicht aus der Ruhe brachte.

Auch Axel und Dominik waren wie gelähmt vor Entsetzen.

Der Geist des Seeräuberkapitäns versetzte Axels

Eimer einen heftigen Tritt, sodass sich das Wasser über den Jungen ergoss. Dann spuckte er auf die Linse von Dominiks Kamera, damit der Junge kein scharfes Foto mehr knipsen konnte, und verschwand mit einem wilden Schrei wieder im Schrank. Die Bretter ächzten, als er die Schranktür hinter sich zuknallte.

Axel war der Erste, der einen klaren Gedanken fassen konnte. Vielleicht hatte er das der unfreiwilligen Dusche zu verdanken, die er soeben bekommen hatte. „Dich kriege ich! Egal, ob du echt bist oder nicht!", rief er voller Wut und riss die Schranktür auf.

„Das habe ich mir gedacht!", sagte der Junge triumphierend, als er sah, dass die Hinterwand des Schranks beweglich war. Es war eine Schiebetür, die gerade geschlossen wurde.

Der Spalt war nur noch wenige Zentimeter groß.

Axel bewies seine Geistesgegenwart, schnappte einen Sportschuh, der im Schrank stand, und verkeilte ihn zwischen der Schiebetür und dem Rahmen. Die Geheimtür war blockiert und konnte nicht mehr zugemacht werden.

An dem Rütteln und Fluchen auf der anderen Seite der Wand konnte der Junge erkennen, dass der Pirat tobte. Er gab allerdings schnell auf, und sein wütendes Schnauben verklang in der Ferne.

„Jetzt oder nie!", jubelte der Knickerbocker und zog die Geheimtür auf.

Dahinter befand sich ein Schacht, der senkrecht nach unten führte. In den Stein waren Eisen eingelassen, auf denen man in die Tiefe klettern konnte.

„Taschenlampe!", kommandierte Axel.

Lieselotte hatte ihre Taschenlampe unter der Decke versteckt gehalten und warf sie ihm zu. „Willst du … willst du … den Geist verfolgen?", fragte Dominik. Ihm war diese Idee gar nicht geheuer.

„Nein, ich will ihn zum Spielen einladen!", spottete Axel. „Ich bin gleich zurück – macht euch bis dahin nicht ins Hemd!"

Der Junge schwang sich in den Schacht und kletterte in die Tiefe. Die Taschenlampe hielt er zwischen den Zähnen. Nein, Axel Klingmeier ließ sich nicht an der Nase herumführen!

Die geheime Kammer

Die Knickerbocker-Bande hatte es wieder einmal nach England verschlagen. Axel stand eine Nachprüfung in Englisch bevor, und deshalb sollte er seine Kenntnisse an einer Sommerschule aufmöbeln. Seine Freunde hatten ihn begleitet und drückten wie er, trotz der Ferien, jeden Tag drei Stunden die Schulbank.

Das Institut lag an der Ostküste von England, in Broadstairs. Das verschlafene Städtchen war nur wenige Kilometer von der Hafenstadt Dover entfernt und hatte seit einigen Monaten eine Sensation: das Horrorhotel.

Es handelte sich um ein winziges Hotel, das hoch oben auf den Klippen lag und bald nach seiner Eröffnung für Schlagzeilen gesorgt hatte.

Bereits die ersten Gäste hatten von rätselhaften Geräuschen, durchscheinenden Frauengestalten und wilden Piraten erzählt, die in den Zimmern aufgetaucht waren. Die zahlreichen Zeitungsberichte über den Spuk hatten einen regelrechten Ansturm auf das Haus ausgelöst. Die Zimmer waren nun für Monate ausgebucht, und die Hotelleitung hatte die Preise inzwischen verdoppelt.

Beim Kostüm-Wettbewerb der Sommerschule

hatten die Knickerbocker als ersten Preis eine Nacht im Horrorhotel gewonnen.

Die vier Juniordetektive hatten gestrahlt, als ihnen der Direktor der Schule den glitzernden Gutschein übergeben hatte. Ungelöste Rätsel und geheimnisvolle Vorfälle zogen die Abenteurerfreunde magisch an.

Vor allem Axel war fest davon überzeugt, dass es sich um einen schlauen Einfall des Hotelbesitzers handelte, und wollte das auch beweisen.

Der Junge war durch den Schacht in die Tiefe geklettert und erreichte einen niedrigen, sehr kalten und feuchten Gang, der direkt unter dem Hotel in den Stein gehauen war. An der Decke war notdürftig ein Kabel befestigt worden, an dem alle paar Meter eine Glühbirne hing, die den Tunnel schwach erhellte. Axel konnte erkennen, dass es mehrere Röhren gab, die von oben aus dem Haus in diesen Gang mündeten.

„Durch diese Zugänge gelangen die Leute, die die Geister darstellen, in die Zimmer. Völlig klar!", kombinierte der Juniordetektiv.

Rechts von sich sah der Junge eine offene Tür, die in ein beleuchtetes Zimmer führte. Ein Schatten, der auf den Gang fiel, verriet Axel, dass sich jemand darin aufhielt. Es schien der Pirat zu sein.

Vom linken Teil des Ganges drangen Stimmen an Axels Ohr. Er schwang sich in den Schacht und kletterte ein Stück nach oben.

Unter sich sah er eine Frau mit einem dunklen wallenden Gewand und einen Mann in einem schwarzen Skelett-Trikot vorbeigehen. Sie plauderten miteinander, als wären sie gerade zum Bus unterwegs. Gruselig erschienen sie in diesem Augenblick kein bisschen. Es handelte sich also tatsächlich bloß um ein Theater.

Axel ließ einige Sekunden verstreichen, ehe er sich wieder nach unten wagte. Auf der letzten Sprosse hielt er an und spähte in den Gang.

Die beiden Männer und die Frau hatten sich umgezogen und kamen in normaler Straßenkleidung aus dem Zimmer. Das Licht war zu schwach und Axels Blickwinkel zu schlecht, um sie wirklich gut erkennen zu können. Die Tür wurde zugeschlagen und die angeblichen Gespenster verließen ihren Arbeitsplatz.

Im Gang erlosch die Beleuchtung.

Axel machte sich auf den Rückweg ins Zimmer, als er unter sich das Quietschen einer Tür und das Rauschen des Meeres hörte.

Schritte kamen näher.

Der Junge konnte den Lichtkegel einer Taschenlampe erkennen. Wer ging jetzt noch durch den

Gang? Der Verdacht lag nahe, dass es sich nicht um eines der Berufsgespenster handelte. Die drei waren in die andere Richtung verschwunden und hatten wohl Feierabend gemacht.

Der Juniordetektiv tastete sich möglichst lautlos nach unten. Diesmal wagte er sich etwas weiter aus dem Schacht hinaus, da ihm die Dunkelheit des Tunnels Schutz bot. Jemand stand ungefähr zehn Meter vor der Tür der Kleiderkammer an der Felswand und hantierte mit Ketten und Schlössern.

Unter lautem Knarren und Quietschen schwenkte eine Holztür auf. Der Unbekannte betrat einen Raum und machte sich lautstark darin zu schaffen. Dabei pfiff er vergnügt das Lied von den drei blinden Mäusen.

Axels Neugier wuchs. Was trieb der Kerl? Langsam, Schritt für Schritt, tastete er sich an die geheime Kammer heran. Er hatte sie schon fast erreicht, als er über sich die Stimmen seiner Knickerbocker-Freunde hörte.

„Axel, wo steckst du?", rief Dominik in den Schacht. Seine Stimme hallte schaurig durch das unterirdische Labyrinth.

Der Junge erstarrte. Die Geräusche in dem Zimmer verstummten. Verdammt, warum können die Doofköpfe nicht die Klappe halten? Jetzt haben sie mich verraten!, dachte Axel entsetzt.

Zu seiner großen Erleichterung setzte der Unbekannte in dem Zimmer seine Arbeit bald wieder fort.

Axel kämpfte mit sich.

Sollte er nach oben klettern oder sollte er doch einen Blick in den Raum werfen?

Er entschied sich für Letzteres, obwohl ihm dabei sehr unbehaglich zu Mute war. Axel ließ sich aus dem Schacht gleiten, huschte auf Zehenspitzen zu der offenen Tür und spähte in den Raum.

Das Einzige, was er erkennen konnte, war ein alter Koffer, der über und über mit bunten Aufklebern versehen war. Er lag offen auf einem Tisch. Eine Gestalt in dunklen Hosen und einer schwarzen Windjacke stand darüber gebeugt und schien sehr beschäftigt.

„He, Axel, was ist denn los?", schrie Dominik in diesem Augenblick.

Der Unbekannte schoss in die Höhe und drehte sich abrupt um.

Für Axel war es zu spät, sich aus dem Staub zu machen.

Verschwindet!

Nun ging alles blitzschnell. Der Unbekannte stürzte sich wie ein Panter auf den Jungen. Er packte Axel an der Kehle und würgte ihn.

Der Knickerbocker spürte, wie der Druck in seinem Kopf stieg. „Nicht … nicht!", keuchte er und versuchte, den Angreifer abzuschütteln.

Aber dieser war ihm einfach überlegen. Axel rang nach Luft und hatte das Gefühl, dass alle Kraft aus seinen Armen und Beinen gewichen war. Er konnte sich nicht mehr aufrecht halten und vor seinen Augen tanzten schwarze Punkte.

Mit einem gurgelnden Schrei schleuderte der Unbekannte den Jungen gegen die Felswand des unterirdischen Tunnels. Axels Kopf schlug hart auf. Aus den tanzenden Punkten wurde ein schwarzes Meer.

Der Knickerbocker blieb bewusstlos liegen.

„He, was ist denn los? Warum antwortest du nicht?", kam nun Lieselottes besorgte Stimme von oben.

Die schwarze Gestalt schnappte den Koffer und sperrte die Kammer ab. Sie stieg über den Jungen hinweg und hastete in Richtung der Gespenstergarderobe davon.

Eine halbe Minute später kletterten Lieselotte

und Dominik aus dem Schacht in den Gang und leuchteten ihn mit ihren Taschenlampen ab.

„Da … da … liegt Axel!", japste Dominik und rannte zu seinem Freund. „Er atmet … aber da ist Blut … an seinem Hinterkopf!"

„Er muss gestürzt sein!", vermutete Lieselotte. „Aber wie bringen wir ihn jetzt raus? Durch den Schacht bestimmt nicht!"

Das Mädchen lief in die Richtung, in die der Unbekannte verschwunden war, und erreichte am Ende des Ganges eine Tür.

Sie war abgeschlossen.

Lieselotte trommelte mit beiden Fäusten dagegen. „Hilfe … aufmachen! Hilfe!", schrie sie. Doch niemand kam.

Lilo hatte bereits kehrtgemacht, als die Tür geöffnet wurde. Licht fiel in den Tunnel.

Sie drehte sich um und erkannte einen älteren Herrn mit schneeweißem Haar und Stoppelbart. Er war ihnen bereits bei der Ankunft begegnet.

Es war Archibald Dyer, der Besitzer des Hotels. Er musterte das Superhirn argwöhnisch mit seinen kleinen stechenden Augen.

„Bitte schnell … unser Freund ist bewusstlos!", rief Lilo.

Mr Dyer fragte nicht lange und folgte ihr.

Eine halbe Stunde später lag Axel in seinem Bett.

Er hatte einen Eisbeutel auf dem Kopf und stöhnte leise vor sich hin. Zweimal hatte er bereits die Augen aufgeschlagen, war aber nicht richtig zu sich gekommen. Gegen halb zwei war er dann endlich ansprechbar und erzählte seinen besorgten Freunden, was er erlebt hatte.

„Und? Was war in dem Raum? Was sollen die vielen Schlösser?", fragte Dominik.

Axel verzog den Mund. „Weiß ich nicht … ich … ich habe … nur einen Koffer gesehen. Mit vielen Aufklebern!"

Mr Dyer trat ein. Er wurde von einem Arzt begleitet, der bei Axel eine leichte Gehirnerschütterung feststellte. Er verordnete dem Jungen Bettruhe.

Nachdem der Arzt gegangen war, entlud sich der Zorn des Hotelbesitzers. „Ihr widerlichen kleinen Kröten!", schimpfte er. „Wieso musstet ihr so neugierig sein? Falls ihr jemandem vom Geheimnis des Horrorhotels erzählt, könnt ihr was erleben! Endlich läuft der verdammte Schuppen, und ich werde mir von euch nicht das Geschäft ruinieren lassen!"

Lieselotte ließ sich durch den Tobsuchtsanfall nicht aus der Ruhe bringen. „Früher sind Diebe durch die Geheimgänge in die Zimmer der Gäste eingestiegen, stimmt's?", bohrte sie.

Mr Dyer nickte kurz. „Ich wusste selbst nichts

von den Schächten. Ich habe sie erst vor einem Jahr entdeckt, und da ist mir die Idee gekommen, aus der müden Absteige ein Horrorhotel zu machen. Und die Rechnung ist aufgegangen: Der Laden hat noch nie so viel Kohle abgeworfen. Aber euch kann ich hier nicht brauchen. Ihr müsst in die Sommerschule zurück. Aus! Ich dulde keine Widerrede."

Mr Dyer ging und knallte die Tür hinter sich zu.

Axel richtete sich stöhnend auf und keuchte: „In dieser Kammer ... dort unten ... da stimmt etwas nicht! Es sind einfach zu viele Schlösser für einen so schäbigen Koffer!"

Lieselotte nickte. Dieser Gedanke war ihr auch schon gekommen, und sie beschloss, noch in derselben Nacht in den Tunnel zu klettern und der Sache nachzugehen.

Unerwünschte Gäste

Dominik blieb bei Axel, während Poppi ihre Freundin in den Tunnel begleitete. Sicher war sicher!

Das Ziel der beiden Mädchen war die verschlossene Tür zu dem geheimen Raum. Lieselotte zählte vier Vorhängeschlösser und drei gesicherte Riegel. Selbst mit schweren Brecheisen war es kaum möglich, diese Tür zu knacken.

Was befand sich wohl dahinter, das so sehr geschützt werden musste?

„Axel hat doch etwas vom Meer gesagt … auf der anderen Seite des Ganges …", hauchte Poppi.

Lilo erinnerte sich jetzt.

Warum konnte man hier oben, mindestens zwanzig Meter über dem Meeresspiegel, das Rauschen der Wellen so laut hören? Wo endete der Gang überhaupt?

Die beiden Mädchen schlichen gebückt durch den Tunnel und entfernten sich immer weiter von dem rätselhaften Raum. Nach ungefähr dreißig Metern war der Gang durch eine schwere Eisentür verschlossen. Sie schien sehr alt zu sein und war völlig verrostet. Lieselotte rüttelte an der Klinke, aber auch diese Tür war abgesperrt.

„Mist!", schimpfte sie leise vor sich hin und versetzte der Tür einen heftigen Fußtritt. Dabei verklemmte sich ihr Sportschuh. Lieselotte erschrak und versuchte, ihren Fuß zu befreien. Das Metall war an dieser Stelle völlig durchgerostet. An der Unterseite der Tür tat sich ein etwa handballgroßes Loch auf. Poppi bückte sich. „Pssst ... hör nur, wie das Meer rauscht!"

Lilo legte sich auf den Boden und leuchtete mit der Taschenlampe durch das Loch. Dahinter schien eine Treppe nach unten in die Klippen zu führen.

Die Knickerbocker konnten also mit einem kleinen Boot zu den Klippen fahren, auf denen das Horrorhotel stand, und nach dem versteckten Zugang suchen. Lieselotte wollte das auch unbedingt tun.

Am nächsten Vormittag ging es Axel ein wenig besser. Sein Kopf schmerzte noch immer, aber er stand dennoch auf.

Um 10 Uhr wurden die Knickerbocker durch heftiges Klopfen von Mr Dyer daran erinnert, dass sie abzureisen hatten. Sie packten ihre Rucksäcke und begaben sich in die kleine Empfangshalle.

An der Rezeption stand ein elegantes junges Paar und beschwerte sich erbost.

„In unserem Zimmer ist überhaupt kein Spuk aufgetaucht!", jammerte der Mann.

„Außerdem hatten wir heute Morgen kein Wasser im Bad!", beklagte sich die Dame.

Die Frau am Empfang zwang sich ein Lächeln ab. „Tut mir Leid!", sagte sie spitz.

„Da wäre noch etwas! Durch unser Fenster strahlt ein Scheinwerfer ins Zimmer, der das Hotel beleuchten soll. Und weil es keine Vorhänge gibt, haben wir kaum schlafen können!"

„Da kann man nichts machen!", lautete die Antwort der Rezeptionistin.

Das junge Paar verdrehte die Augen. „Was ist das für eine unfreundliche Absteige? Ihnen ist wohl der Erfolg zu Kopf gestiegen!", schimpfte der Mann.

„Unsere Gäste sind sehr zufrieden und für Nörgler haben wir nichts übrig!", erwiderte die Frau.

Den beiden klappte die Kinnlade hinunter. „Wir reisen ab!", riefen sie.

„Gerne, ich bereite Ihre Rechnung vor!" Die Frau an der Rezeption schien über die Abreise nicht im Geringsten bestürzt zu sein. „He, Dad, die Rechnung für Zimmer 113, Mr und Mrs Clintstone aus Liverpool."

Über Lilos Gesicht huschte ein triumphierendes Lächeln. Sie wandte sich an die Rezeptionistin und sagte mit verschwörerischer Stimme: „Entschuldigen Sie! Unser Freund hatte gestern einen Unfall in Ihrem unterirdischen Gang."

Die Empfangsdame zog die Augenbrauen hoch. „Dad, kommst du bitte!", rief sie über ihre Schulter in den Raum hinter der Rezeption.

Mr Dyer trat heraus und funkelte Lieselotte wütend an.

„Axel muss im Bett bleiben! Der Arzt übernimmt sonst keine Verantwortung!", meinte Lilo ernst. „Sie sagten, Sie hätten kein Zimmer frei. Nun ist doch eines frei geworden. Mein Freund sollte besser noch ein oder zwei Tage hier bleiben und sich nicht bewegen. In der Sommerschule würden uns alle fragen, wo er sich verletzt hat, und dann müssten wir die Wahrheit sagen und von dem Geheimgang erzählen. Wir lügen nämlich nie!"

Der Hotelbesitzer verstand die Erpressung und kochte innerlich. „Julie, sag du etwas!", stieß er hervor.

„Woher seid ihr?", erkundigte sich Miss Dyer.

„Aus Österreich", erwiderte Dominik.

„Schönes Land!", meinte Julie. „Bleibt ihr noch lange in Broadstairs?"

Poppi schüttelte den Kopf. „Nur noch drei Tage, leider. Dann geht's zurück. Aber ich freue mich schon auf meine Tiere zu Hause!"

Julie überlegte kurz und sagte dann: „Ihr könnt bleiben, aber ihr wisst: Kein Wort über das Geheimnis des Hotels!"

Die vier Knickerbocker nickten. Axel tat es nur sehr langsam, weil sein Kopf bei jeder Bewegung höllisch schmerzte.

Die Bande musste in der kleinen Halle warten, bis das Ehepaar aus Liverpool das Zimmer geräumt hatte.

Die Juniordetektive beobachteten einen älteren Herrn und seine Frau, die ebenfalls abreisten.

Julie war wie ausgewechselt. Sie überschlug sich vor Freundlichkeit und Herzlichkeit.

Lilo fing einige Wortfetzen auf und kombinierte, dass es sich um Gäste aus Spanien handelte. Axel hatte die Augen die meiste Zeit geschlossen, weil ihm das Licht wehtat. Als er sie einmal kurz öffnete, entdeckte er etwas, was bei ihm alle Alarmglocken schrillen ließ.

Der Hafen in den Klippen

Neben dem Spanier stand ein alter Lederkoffer, der mit zahlreichen Aufklebern versehen war.

In Axels Kopf tauchten trotz der Schmerzen die Bilder der vergangenen Nacht auf. Da war die schwarze Gestalt, die über den Koffer gebückt stand. Sollte das der Mann gewesen sein? Wie war der Hotelgast nach unten in den Gang gekommen? Oder hatte jemand seinen Koffer präpariert? Aber warum hatten ihn die beiden dann nicht vermisst?

Der Junge wandte sich zu Lilo um und informierte sie mit wenigen Worten.

Das Superhirn zwinkerte Dominik zu.

Dieser bewies wieder einmal, dass er ein genialer Schauspieler war. Er tat so, als müsse er dringend auf die Toilette, und stolperte „aus Versehen" über den verdächtigen Koffer. Dabei löste er den Verschluss. Der Koffer sprang auf und schmutzige Wäsche quoll heraus. „Es tut mir so Leid!", schwindelte Dominik und rang verlegen die Hände.

Die Gäste bückten sich, um die Sachen in den Koffer zu stopfen. Dominik gab vor, ihnen dabei zu helfen. In Wirklichkeit nahm er geschickt das Innere des Koffers unter die Lupe.

„Und? Was ist?", wollte Lieselotte wissen, als er zurückkehrte.

Der Juniordetektiv zuckte mit den Schultern. „Ich habe nichts wirklich Verdächtiges gespürt."

Lilo wurde immer klarer, dass sie mehr über den geheimen Abgang zum Meer und die sonderbare Kammer herausfinden mussten.

Kurze Zeit später konnten die Knickerbocker ihr „neues" Zimmer beziehen. Es war wie alle Zimmer des Hotels sehr eng. Axel legte sich ins Bett und wollte von den Ermittlungen seiner Freunde nichts mehr wissen. Poppi blieb bei ihm.

Lieselotte und Dominik untersuchten die Wände und den Schrank des Raumes, konnten aber keinen Hinweis auf eine Geheimtür entdecken.

Gemeinsam mit Dominik lief Lilo zum Hafen und mietete dort ein Ruderboot.

Die See war an diesem Tag sehr ruhig.

Die beiden ruderten die Küste entlang, vorbei am Leuchtturm von Broadstairs und an den Stränden des Dorfes, bis sie eine hohe Felsnase erreichten, die fast senkrecht ins Meer abfiel.

Auf ihrer Spitze ragte das Horrorhotel dunkel und düster in den Himmel.

Lieselotte untersuchte durch ihr Fernglas jeden Meter der Küste.

Ziemlich enttäuscht reichte sie es an Dominik weiter. „Nichts … da ist kein Eingang zu einer Höhle", sagte sie enttäuscht. „Aber die Treppe führt zum Meer. Ich verstehe das nicht!"

Wo könnte sich der Zugang zur Höhle befinden?
Hast du einen Verdacht?

Auf dem Rückweg vom Hafen kamen die beiden Knickerbocker an dem kleinen Leuchtturm vorbei, der an die 500 Meter vom Horrorhotel entfernt lag.

Lieselotte kam eine Idee. Sie steuerte auf das Häuschen rechts neben dem Leuchtturm zu. Sie klopfte, und ein kleiner, dicker Mann öffnete ihr. Er war unrasiert und ziemlich rot im Gesicht, und in seinem Mundwinkel hing eine Zigarette.

„Was wollt ihr hier?", fuhr er sie an.

Dominik wäre am liebsten sofort umgekehrt, so unwirsch und bissig war der Mann.

„Wir müssen eine Arbeit für die Sommerschule schreiben!", log Lilo. „Über den Leuchtturm. Darf ich Ihnen ein paar Fragen stellen?"

Der Mann zog lautstark durch die Nase auf und musterte Lilo kritisch. „Was willst du wissen?"

Lilo erkundigte sich zuerst nach dem Leuchtturm und kam dann zum Wichtigsten. „In den Klippen gibt es doch eine Höhle, die einen Zugang zum Hotel hat!", sagte sie.

Der Leuchtturmwächter kniff die Augen zusammen. „Wer sagt das?", knurrte er.

„Äh … das hat mir jemand aus dem Dorf erzählt!", stammelte Lilo.

Der Mann schien zu überlegen, ob er die Frage beantworten sollte. „Ich sage es euch nur, wenn ihr versprecht, die Höhle unter keinen Umständen zu besuchen!", brummte er schließlich.

Die Knickerbocker versprachen es.

„Ja, es gibt eine Höhle – aber sie taucht nur bei Ebbe aus dem Wasser auf. Sonst ist sie überflutet", erzählte der Mann. „Früher sind dort Schmuggler vor Anker gegangen. Sie haben mit Blinkzeichen ihr Kommen angezeigt, sind in die Höhle gefahren, haben ihre Ware abgeladen und meist auch gleich verkauft. Das Hotel war ein Banditennest. Und mein Vorgänger hier war auch nicht besser. Er hat mit den Schmugglern gemeinsame Sache gemacht!"

Die Knickerbocker lauschten gespannt. „Aber jetzt Schluss! Stehlt mir nicht die Zeit!", tobte der Mann plötzlich wieder los und knallte den beiden die Tür vor der Nase zu.

„George Higgins", las Dominik auf dem Schild.

Ebbe!

Zum Abendessen wurden die vier Knickerbocker von Julie Dyer in das private Wohnzimmer des Hotelbesitzers und seiner Tochter eingeladen. Es gab *Fish and Chips*.

„Ich muss mich für das Verhalten meines Vaters entschuldigen", meinte die junge Frau mit den langen schwarzen Haaren. „Er hat Angst, dass ihr euch an einen Reporter wendet und die Wahrheit über unser Hotel erzählt. Das wäre bestimmt nicht gut für uns. Viele Gäste glauben nämlich tatsächlich, dass sie es mit einem Spuk zu tun haben!"

Die Knickerbocker versicherten ihr, nichts verraten zu wollen.

„Als wir gestern im Tunnel waren, haben wir etwas gesehen ...", begann Lieselotte vorsichtig. „Es gibt da einen Raum ... der ist abgesperrt, sehr gut abgesperrt ... und jemand war drinnen und hat Axel außer Gefecht gesetzt. Also muss ... etwas in dem Raum sein, das keiner entdecken soll!"

Julie horchte auf. Sie schien sehr überrascht zu sein. „Ehrlich gesagt ... also ... ich habe keine Ahnung. Ich war kaum da unten. Dad betreut die drei Leute, die für uns die Geister spielen. Ich wüsste nicht, wer sonst noch Zutritt zu dem Tunnel hat."

Dominik wollte es genauer wissen: „Wer besitzt einen Schlüssel zu der Tür, die zum Schmugglerhafen in den Klippen führt?"

Julie zog die Augenbrauen hoch. „Ihr seid aber genau informiert", stellte sie erstaunt fest.

„Wir sind Detektive!", meinte Poppi stolz. „Und wir haben schon zahlreiche Fälle gelöst. Sogar das Geheimnis der Maske mit den glühenden Augen haben wir gelüftet!"

Die junge Frau war beeindruckt. „Also der Abgang zur Höhle ist immer verschlossen. Es gibt nur einen Schlüssel, und den bewahrt ... Dad auf!"

Julie wurde klar, was sie gerade gesagt hatte. Sie fuhr fort: „Aber er würde niemals jemandem etwas antun. Nein, bestimmt nicht!"

Die junge Frau wurde unruhig. „Hört zu ... ich glaube, ich könnte eure Hilfe gebrauchen", sagte sie. „Wäre es nicht möglich, dass ihr bis zu eurer Abreise hier im Hotel bleibt? Ich kenne den Direktor der Sommerschule recht gut und kann ohne weiteres mit ihm reden."

Die vier Knickerbocker hatten nichts dagegen einzuwenden.

„Abgemacht! Und dürfen wir uns überall umsehen?", fragte Lieselotte.

Julie nickte. „Bitte fragt mich aber vorher immer! Dieses Haus ist alt und voller Gefahren. Ich werde euch jedoch überallhin Zutritt verschaffen. Ich möchte selbst erfahren, was hier eigentlich gespielt wird. Ich finde diese Ungewissheit unerträglich!"

Axel brannte noch eine Frage auf der Zunge: „Julie, wissen Sie, was sich in dem abgesperrten Zimmer befindet? Kann es mit dem Gepäck der Gäste zu tun haben? Ich habe dort den Koffer des Spaniers gesehen, der heute abgereist ist."

Die junge Frau fuhr sich durch das seidige Haar und überlegte. „Manche Gäste geben uns ihre Koffer zur Aufbewahrung, weil die Zimmer so eng sind", sagte sie. „Der Gepäckraum befindet sich neben der Empfangshalle. Ich werde mit Dad darüber sprechen. Wahrscheinlich gibt es eine einfache Erklärung für alles." Julie lächelte freundlich und verabschiedete sich dann. „Jetzt muss ich mich aber wirklich um die Gäste kümmern."

Axels Kopfschmerzen waren noch immer nicht besser geworden. Deshalb zog er sich in das Zimmer zurück.

Die anderen drei Mitglieder der Bande schlenderten in den kleinen Garten hinter dem Horrorhotel.

Er erstreckte sich direkt bis zum Rand der Klippen. Von dort ging es mindestens dreißig Meter senkrecht nach unten zum Meer, wo die Wellen an diesem Abend sanft murmelnd gegen die Felsen rollten.

Lilo beugte sich weit über das Geländer und starrte in die Tiefe. Das Dämmerlicht reichte aus, um zu erkennen, dass sich etwas geändert hatte.

„Es ist Ebbe!", stellte sie zufrieden fest. „Wir holen uns ein Boot und rudern zur Höhle. Der Eingang müsste frei sein!"

Die drei Juniordetektive kehrten zum Hotel zurück, um Axel von ihrem Plan zu informieren.

Das leise Rascheln in der Hecke entging ihnen. Jemand war den Knickerbockern ins Freie gefolgt und hatte ihr Gespräch belauscht.

Nachdem die drei Freunde das Horrorhotel betreten hatten, kam die Gestalt hinter den Fliederbüschen hervor und strich sich nachdenklich über die Stirn. Dann verschwand sie im Zwielicht.

Ein gemeiner Anschlag

„Das ist nicht ungefährlich", warnte Axel seine Freunde. „Ihr könnt auf eine Sandbank auflaufen ... oder ... gegen die Klippen getrieben werden und kentern. Dann findet ihr in der Dunkelheit nicht zur Küste und ertrinkt!"

Lieselotte verzog den Mund. „Schwarzseher!", brummte sie. Das Mädchen warf einen Blick auf die Uhr. Es war kurz nach neun.

Die drei Knickerbocker schnappten sich ihre Taschenlampen und nahmen zur Sicherheit eine Taucherbrille und Flossen mit. „Bis später!", sagten sie zu Axel und wollten das Zimmer verlassen.

Doch die Tür war abgeschlossen. Lilo und Poppi rüttelten daran – vergeblich.

Dominik eilte zum Zimmertelefon, um die Nummer der Rezeption zu wählen.

Die Leitung war tot.

Im Badezimmer ertönte ein scharfes Zischen, und gleich darauf quoll unter der Türritze weißer Rauch hervor.

„Es brennt!", schrie Poppi entsetzt. Lieselotte riss die Tür auf und sah, wie der Rauch aus dem Abfluss des Waschbeckens quoll. Er roch süßlich und erinnerte an Mandeln. Aus diesem Grund hielt das Mädchen auch nicht die Luft an, sondern atmete den Qualm ein. Augenblicklich wurden ihre Bewegungen langsamer, und sie schaffte es kaum noch, die paar Schritte zurück ins Zimmer zu machen. Ihre Umgebung verschwamm. Dann schob sich ein undurchdringlicher dunkler Vorhang über ihre Augen.

Als Lilo wieder erwachte, stand die Sonne bereits hoch am Himmel und strahlte durch das Fenster ins Zimmer.

Dem Mädchen war übel – kotzübel. Jede Bewegung tat ihr weh. „Dominik … Poppi … Axel!", keuchte sie. Ihr Mund war staubtrocken und ihre Zunge schien am Gaumen festzukleben. „Hallo, was … was ist mit euch?"

Sie hob den Kopf und sah sich um. Ihre Freunde lagen wie tot auf den beiden Betten. Arme und Beine hingen schlaff herab. Alle drei waren – genau wie Lilo – angezogen.

Eine frische Brise wehte durch das offene Fenster. Lilo versuchte, sich an etwas zu erinnern, aber in ihrem Kopf herrschte absolute Leere. Sie wusste noch, dass sie zum Hafen wollten, um mit einem Boot zur Höhle zu fahren. Aber dann riss der Film.

Sie lag nur mit dem Oberkörper auf dem Bett, erhob sich langsam aus dieser unbequemen Position und stöhnte. Dann taumelte sie ins Badezimmer und drehte den Hahn auf. Hell und klar plätscherte das Wasser in das Becken. Lilo wollte sich das Gesicht kalt abwaschen.

Aber noch immer gehorchten ihre Gliedmaßen nicht ganz. Ihre Arme schlenkerten ziellos durch die Luft und streiften die Zahnbürsten, die in einem Becher auf einem Sims über dem Waschbecken standen. Als die Bürsten ins Wasser fielen, vernahm Lilo ein leises Zischen.

Sie traute ihren Augen nicht. Die Zahnbürsten lösten sich auf, als wären sie aus Zucker. Das Mädchen wich zurück und ließ sich auf den Badewannenrand sinken. „Hilfe! Poppi … Dominik … Axel!", rief sie mit schwacher Stimme.

Aus dem Zimmer kam ein verwirrtes Ächzen.

Poppi war die Erste, die auftauchte. „Durst!", krächzte sie und stürzte zum Becken, um zu trinken.

„Nicht!", warnte Lieselotte. „Um Himmels willen – das ist Säure!"

Das rote Licht

„Kinder ... hallo, Kinder! Was ist mit euch? Macht auf!" Von draußen wurde heftig gegen die Zimmertür geklopft.

Die Knickerbocker erkannten sofort Julies Stimme. „Ist etwas passiert?", fragte sie besorgt.

Axels Kopf schmerzte schlimmer denn je. Trotzdem erhob er sich aus dem Bett und taumelte zur Tür. Er drückte die Klinke nieder und öffnete sie. „War doch gar nicht abgesperrt!", schnaubte er ärgerlich und warf sich wieder aufs Bett.

„Doch! Die Tür ist nicht aufgegangen!", meinte Julie. „Wie seht ihr denn aus?"

Die Juniordetektive waren leichenblass und hatten fast weiße Lippen. Poppi konnte sich kaum auf den Beinen halten.

„Was ... was ist los?", fragte Julie immer wieder.

Lilo deutete stumm auf das Badezimmer.

Julie ging hinein und rief: „Ich kann nichts entdecken."

„Es ist Säure im Becken!", krächzte Lieselotte.

Es plätscherte und rauschte und Julie trat aus dem Bad. „Wollt ihr mich an der Nase herumführen? Aus dem Hahn kommt Wasser, was sonst!"

Lilo, Poppi und Dominik hasteten ins Badezimmer und starrten verblüfft in das Waschbecken. Die Säure mit den halb zersetzten Zahnbürsten war verschwunden. Aus dem Hahn sprudelte klares, frisches Wasser.

„Aus dem Abfluss ist ein Gas ins Zimmer geströmt, das uns betäubt hat!", hauchte Dominik.

Julie Dyer blickte die vier ungläubig an. „Das kann ich mir nicht vorstellen. Wenn das wahr ist, hat es jemand auf euch abgesehen und ist zu allem entschlossen." Sie überlegte kurz und meinte dann: „Ihr bekommt ein anderes Zimmer und rührt euch nicht vom Fleck. Ich verständige die Polizei."

Eine halbe Stunde später konnte die Bande bereits ihr neues Zimmer beziehen und wurde mit einem typisch englischen Frühstück verwöhnt: Spiegeleier mit Speck, Cornflakes, Toast und Marmelade.

Doch die Freunde hatten keinen Hunger. Sie schlürften nur Tee und starrten vor sich hin.

Langsam begannen Lilos Grübelzellen wieder zu arbeiten. „Jemand wollte uns davon abhalten, zu dem unterirdischen Hafen zu fahren!"

Poppi verstand das nicht. „Aber wir haben doch niemandem davon erzählt!"

Lilo zuckte mit den Schultern. „Wenn es in den Zimmern dieses Hotels Geheimtüren gibt, kann man vielleicht auch die Wasserzuleitungen anzap-

fen und Gase und Säuren einleiten ... Eines steht jedenfalls fest: Mit dem Horrorhotel stimmt etwas
nicht, und wir müssen herausfinden, was!"

Ihre Freunde stimmten ihr zu. Allerdings würden
sie frühestens am Abend wieder halbwegs fit sein.
Bis dahin war Ruhe angesagt. Das Betäubungsgas
hatte ganze Arbeit geleistet.

Gegen sechs Uhr kamen die Knickerbocker allmählich wieder zu Kräften.

Auch Axel war auf dem Weg der Besserung und
sein Kopf tat ihm schon deutlich weniger weh.

Lilo fürchtete, sie könnten belauscht werden, und
schrieb deshalb ihren Plan auf: *Es ist wieder Ebbe!*
Wir sollten endlich den Schmugglerhafen unter-
suchen. Wer kommt mit?

Axel hob die Hand.

Wir fahren mit dem Boot hin, sobald es etwas
dunkler ist. Dominik und Poppi kümmern sich da-
rum, dass unser Verschwinden niemandem auffällt!

Alle waren einverstanden und wussten, was sie
zu tun hatten. Beim Abendessen taten sie so, als
seien sie besonders müde, und erzählten mehrere
Male, dass sie so schnell wie möglich wieder ins
Bett wollten. Sie gähnten und gaben vor, kaum
noch aus den Augen sehen zu können.

Bald zogen sie sich zurück.

Wenig später kletterten Axel und Lieselotte aus einem Fenster im Erdgeschoss und liefen an der Uferpromenade entlang zum Hafen von Broadstairs. Zum Glück gab es hier einen Bootsverleih für Verliebte, die im Mondlicht rudern und für sich sein wollten.

Sie mieteten ein Boot und fuhren los.

Die Wellen waren an diesem Tag etwas stärker, und es kostete die beiden Knickerbocker einige Kraft, den Hafen zu verlassen.

Sie ruderten die Küste entlang zu der Klippe, auf der sich das Horrorhotel erhob.

„Sieh nur!" Axel zeigte entgeistert nach oben: Aus der Kabine des Leuchtturms drang ein Lichtzeichen: zweimal lang, zweimal kurz, zweimal lang.

Merkwürdig – jemand hatte einen roten Streifen vor die Lampe gespannt.

Was hatte das zu bedeuten?

Kannst du dir vielleicht erklären, was der rote Streifen vor der Lampe des Leuchtturms zu bedeuten hat?

„Das kann nur ein vereinbartes Geheimzeichen sein, es hat mit einem normalen Warnsignal nichts zu tun", vermutete Lieselotte. „He! Schau mal, dort … beim Hotel!"

Axel wusste sofort, was Lilo meinte. Von einem der Zimmer im obersten Stock aus gab jemand Blinkzeichen. „Das sind wahrscheinlich Morsezeichen!", dachte er laut. Doch wem galten sie?

Die beiden Juniordetektive drehten sich um und blickten auf die See hinaus. Die Lichtzeichen wurden erwidert! Ein rotes, sehr grelles Licht, das auf- und niederschaukelte, blitzte ungefähr einen Kilometer vor der Küste auf. Es konnte sich nur um ein Boot handeln.

Das Licht im Hotelfenster erlosch, und das rote Licht auf dem Meer begann sich in Bewegung zu setzen. „Das Boot … steuert auf die Höhle zu!", flüsterte Lieselotte.

Jetzt erst hatten die beiden Knickerbocker Gelegenheit, die Felswand der Küste nach dem Höhleneingang abzusuchen. Der Mond war hell genug, um ihnen die Öffnung zu zeigen. Sie war höchstens zwei Meter hoch und vier Meter breit.

„Ich schwimme in die Schmugglerhöhle und sehe mich um", sagte Axel.

Lilo wollte ihn zurückhalten. „Nein, wir rudern hinein!"

Damit war der Junge nicht einverstanden. „Ich allein kann mich notfalls unter Wasser verstecken. Mit dem Boot werden wir sofort entdeckt. Ich muss unbedingt herausfinden, was das Boot mit dem roten Licht bringt. Die Ladung hat sicher etwas mit dem verschlossenen Zimmer und dem Koffer zu tun. Rudere ganz nahe an den Felsen, bleib aber vom Höhleneingang weg! Ich schwimme hinein, und falls ich in einer halben Stunde nicht aufgetaucht bin, kannst du zum Hafen zurückrudern."

Das Superhirn runzelte die Stirn.

„Möglicherweise kann ich durch den Geheimgang in das Hotel gelangen", erklärte Axel.

Lieselotte hatte kein gutes Gefühl. Axel ließ ihr aber keine Zeit, ihn von seinem Vorhaben abzubringen. Er schlüpfte bereits aus seinen Jeans, unter denen er Schwimmshorts trug. Lilo ruderte ihn an den Höhleneingang heran.

Axel ließ sich ins Wasser gleiten und verabschiedete sich mit einem siegessicheren Winken.

Das Geheimnis
des Zimmers

Die Kühle des Meeres schien seinem Kopf gut zu tun. Die Schmerzen waren fast verschwunden, und Axel fühlte sich wieder einigermaßen in Ordnung.

Mit kräftigen Stößen schwamm er durch die Öffnung in den Klippen.

In der Höhle hallte es geheimnisvoll. Es musste sich um ein ziemlich großes Gewölbe handeln. Axel zückte seine Taschenlampe, die in einem wasserdichten Plastikbeutel steckte, und knipste sie an.

Er leuchtete den Raum ab und erkannte uralte Landungsstege aus Holz und einen breiten Gang, der in die Höhlenwände geschlagen war. Auf einer Seite führte eine Treppe nach oben, wahrscheinlich der Zugang, von dem Lilo erzählt hatte.

Axel schwamm zu den Landungsstegen und wollte sich aus dem Wasser ziehen. Da ertönte hinter ihm das Tuckern eines Motorbootes, und er konnte sich gerade noch hinter einem Pfahl verstecken.

Ein Scheinwerfer beleuchtete die Höhlenwände, und der schwankende Lichtschein huschte über den grünlichen, rauen Stein. Das Boot legte glücklicherweise bei einem anderen Steg an. Das Licht wurde schwächer, doch sonst geschah nichts.

Ungefähr zehn Minuten waren verstrichen, als plötzlich ein metallisches Quietschen ertönte. Ein Lichtschein tanzte die Treppe herunter.

Axel konnte von seinem Versteck aus kaum erspähen, was sich nun zutrug. An den Geräuschen und Schatten erkannte er allerdings, dass der Lenker des Bootes an Land kletterte und dem Unbekannten im Treppenhaus etwas überreichte.

Offensichtlich handelte es sich um eine Kiste.

Der Mann erhielt im Gegenzug einige Bündel Banknoten. Gesprochen wurde während der ganzen Aktion kein Wort.

Der nächtliche Besucher kletterte auf sein Boot zurück und ließ den Motor an.

Gemütlich tuckerte das Fahrzeug aus dem unterirdischen Hafen aufs Meer hinaus.

Die Gestalt, die die Lieferung entgegengenommen hatte, stapfte langsam die Treppe nach oben.

Axel lauschte angespannt. Ihm war, als ob jemand den Inhalt der Kiste sichtete. So leise wie möglich glitt er aus dem Wasser und eilte auf Zehenspitzen zu dem Aufgang ins Hotel.

Mittlerweile war der Unbekannte oben angekommen. Wieder quietschte die Tür.

Axel wartete auf das Klicken des Schlüssels, aber es blieb aus. Der Juniordetektiv tastete sich Stufe für Stufe die Treppe hinauf. Sein Herz begann zu rasen, als er entdeckte, dass die Tür offen stand und im Gang dahinter Licht brannte.

Aus der geheimnisvollen Kammer drangen klappernde Geräusche.

Axel spürte das Blut in seinen Ohren pochen. Sollte er es wagen und sich heranschleichen? Es war *die* Gelegenheit herauszufinden, was in dem Raum vorging!

Der Junge ballte die Hände zu Fäusten und richtete sich auf. Er atmete einige Male tief durch, bevor er auf nackten Sohlen loshuschte. Noch zehn Meter … noch sieben Meter … noch fünf Meter …

Völlig unerwartet flog ein grauer Koffer in einem hohen Bogen auf den Gang.

Erschrocken schmiegte sich Axel gegen die kalte Felswand und schluckte.

„Jetzt oder nie!", dachte er. „Wenn ich jetzt kneife, vergebe ich vielleicht die einzige Chance, hinter das Geheimnis zu kommen."

Würdest du wie Axel handeln oder dich zurückziehen?

Noch drei Meter …

Noch zwei Meter …

Noch einen Meter …

Es war so weit! Der Junge musste sich nur vor-
beugen und konnte in das Innere des rätselhaften
Raumes spähen.

Der Knickerbocker schob seinen Kopf vor und
hielt die Luft an.

Da war der Tisch, den er schon einmal gesehen
hatte. Wieder lag ein Koffer darauf. Und daneben
lag noch etwas.

Der Juniordetektiv wusste, dass er sich unter keinen Umständen unbemerkt an diesem Zimmer vor-
beischleichen konnte. Was tun?

Er musste zurück in den Schmugglerhafen!

Aber wie sollte er von dort wegkommen? Lilo
würde bestimmt nicht mehr auf ihn warten. Er
konnte den weiten Weg nicht schwimmen, und in
der Höhle würde er ertrinken, wenn die Flut kam.

Axel lehnte an der Felswand neben der Tür mit
den vielen Schlössern und dachte fieberhaft nach.
Er starrte zur Decke des Tunnels und bemerkte deshalb nicht, wie der Schatten des Unbekannten, der
aus dem Zimmer auf den Boden fiel, immer größer
und größer wurde.

Schon schoss die dunkle Gestalt auf den Gang
und packte den Jungen an den Schultern.

Eine Hand legte sich auf seinen Mund und verhinderte, dass er schreien konnte.

„Du hättest mich nicht bespitzeln dürfen. Jetzt kennst du mein Geheimnis, und das ist gar nicht gut!", zischte ihm eine Stimme ins Ohr.

Axel wusste, dass jeder Widerstand zwecklos war, und ergab sich in sein Schicksal.

Suche nach Axel

„Ist Axel schon da?" Mit dieser Frage auf den Lippen stürmte Lieselotte in das Zimmer zu Poppi und Dominik.

Die beiden blickten sie völlig überrascht an.

„Ist er nicht bei dir?", fragte Poppi verblüfft.

Lieselotte traf die Antwort ihrer Freundin wie ein Keulenschlag. „Nein! Er ist nicht aus der Höhle zurückgekommen und wollte durch den Geheimgang ins Hotel gelangen!"

Dominik bekam weiche Knie. „Aber er ... ist nicht da!", hauchte er.

Lilo wusste, was das zu bedeuten hatte. „Ihm muss etwas zugestoßen sein. Entweder in der Höhle ... oder ... im Gang. Wir müssen sofort nachsehen!"

Aber wie sollten sie in den Tunnel gelangen? Der Eingang befand sich im Raum hinter der Rezeption, und dort saß Mr Dyer.

Es klopfte.

Die drei Juniordetektive starrten unschlüssig zur Tür. Es war kurz vor elf.

„Ja ... hallo?" Lilos Stimme versagte fast.

„Ich bin es, Mr Dyer!", rief der Hotelbesitzer von draußen.

Den dreien stockte das Blut in den Adern. „Was wollen Sie?", fragte Lieselotte. „Wir ... wir sind schon im Bett!"

„Es geht um euren Freund, bitte macht auf!", erwiderte Julies Vater.

Dominik und Poppi sahen das Superhirn an. War das ein Trick?

„Was ... was ist mit Axel?", fragte Lilo.

„Macht doch die Tür auf – ich will hier nicht auf dem Gang herumschreien!", zischte der Mann, der langsam ungeduldig wurde.

Langsam bewegte sich das Mädchen zur Tür und drehte den Schlüssel.

Der Hotelbesitzer stürzte herein und sah sich um. „Er ... ist also wirklich nicht da! Dann hat der Anrufer die Wahrheit gesagt!", keuchte er.

Lilo, Poppi und Dominik drängten sich zu Mr Dyer. „Da kam ein anonymer Anruf ... vor ein paar Minuten. Die Stimme war irgendwie merkwürdig ... Jemand teilte mir mit, dass euer Freund noch heute Nacht ertränkt werden soll, weil er zu neugierig war. Der Anrufer sprach davon, dass der Junge festsitzt und das Wasser bald über seinem Kopf zusammenschlagen wird."

Poppi war verzweifelt. „Was ... was bedeutet das?", wimmerte sie.

Mr Dyer hatte keine Ahnung.

Lieselotte wusste jedoch sofort, worum es ging: „Der Schmugglerhafen unter dem Hotel! Bei Flut füllt sich die Höhle – und wenn Axel nicht entkommen kann, ertrinkt er. Ich wette, er ist in der Höhle."

Julies Vater wirkte ratlos. „Und wie sollen wir dorthin gelangen?"

„Sie haben doch den Schlüssel zum Abgang!", antwortete Lieselotte.

Mr Dyer schien zwar nichts von einem Schlüssel zu wissen, meinte aber: „Aber das macht nichts, die Tür bekommen wir irgendwie auf!"

Die drei Knickerbocker stürmten mit Mr Dyer in die Hotelhalle und stiegen von dort in das unterirdische Labyrinth hinab. Sie liefen durch den Gang und kamen dabei auch an der Tür mit den vielen Schlössern vorbei. Sie war abgesperrt.

Endlich hatten sie das Ende des Ganges erreicht.

Die Tür zum Hafenabgang war nur angelehnt. Aufgeregt rasten die vier über die rutschigen Steinstufen nach unten und stolperten in die dunkle Höhle. Mr Dyer zündete sein Feuerzeug an und schwenkte es durch die Luft.

„Nichts …!", keuchte Poppi.

„Axel, bist du hier irgendwo?", schrie Lilo.

Poppi schluchzte. „Bestimmt nicht, sonst wäre doch die Tür abgeschlossen gewesen!"

Lieselotte gab ihrer Freundin Recht, fügte dann aber hinzu: „Er könnte doch auch gefesselt und geknebelt worden sein!"

Sie riefen weiter nach dem Jungen, aber es war kein einziges ungewöhnliches Geräusch zu hören. Verzweifelt stiegen sie wieder nach oben.

„Was wollte der Anrufer eigentlich bewirken?", fragte Lieselotte, als sie in der Halle standen.

„Ich brauche frische Luft!", knurrte Mr Dyer und trat ins Freie hinaus. Ein ziemlich scharfer, kühler Wind fegte über die Küste. „Heute Nacht soll noch ein Sturm aufziehen", sagte er besorgt.

Der Mond am Himmel war bereits hinter dunklen Wolken verschwunden.

Hast du eine Idee, wo Axel gefangen gehalten werden könnte?
Der Knickerbocker sitzt fest, und das Wasser wird bald über seinem Kopf zusammenschlagen.
Was hat der Anrufer damit gemeint?

Die drei Knickerbocker und der Hotelbesitzer gingen zum Rand der Klippen und blickten auf das schwarze Meer hinaus.

„Dort draußen! Ein Licht!", rief Dominik.

„Die Goodwin Sands!", stöhnte Mr Dyer. „Das ist es!"

Lieselotte verstand nicht, was er meinte.

„Die Goodwin Sands sind mehrere Sandbänke, die ungefähr drei Kilometer von hier entfernt sind. Bei Ebbe kann man dort Golf spielen. Bei Flut ver-

schwinden sie im Meer. Falls ihn jemand auf die Goodwin Sands hinausgebracht hat, wird er bald ertrinken. Das Meer steigt nämlich bereits."

Der Mann stürzte zur Rezeption und wählte die Nummer der Küstenwache.

Aber das Telefon war tot.

„Ich nehme unser Boot und fahre hinaus", rief Mr Dyer.

„Wir kommen mit!", entschied Lieselotte.

Julies Vater protestierte nicht einmal. Er ahnte, dass jeder Widerspruch zwecklos war.

In diesem Augenblick begann irgendwo jemand das Kinderlied von den drei blinden Mäusen zu pfeifen …

Überraschung
auf der Sandbank

Das Boot der Dyers lag wenige hundert Meter vom Hotel entfernt in einer kleinen Bucht vor Anker. Es war ein alter, klappriger Fischerkahn, der wie eine Nussschale auf den Wellen schaukelte.

Julies Vater hatte größte Mühe, das Boot zu manövrieren. Mehrmals entgingen sie nur knapp einer Katastrophe.

Lilo und Poppi hielten je einen kleinen Handscheinwerfer auf das Wasser vor dem Bug gerichtet.

„Hier gibt es viele Felsen im Meer", schrie der Mann durch den Sturm. „Wenn wir gegen einen krachen, sinken wir innerhalb von Minuten!"

Dominik stand am Heck und klammerte sich an einer Winde fest, mit der früher einmal die Netze eingeholt worden waren. Er hielt Ausschau nach dem Licht und brüllte Mr Dyer immer wieder den Kurs zu.

Der Sturm wurde von Minute zu Minute stärker. Die Wellen klatschten auf das Deck und machten es rutschig und gefährlich. Bald waren alle vier durch und durch nass.

„Mir ist schon ganz schlecht!", jammerte Poppi. Bei jeder Welle hob es ihr fast den Magen aus. Ich glaube, ich muss mich übergeben!, dachte das Mädchen verzweifelt, und im nächsten Moment musste sie sich schon über die Reling beugen. Lilo kam ihr zu Hilfe und hielt sie gut fest.

Dominik fühlte sich ebenfalls hundeelend. Hoffentlich sind wir bald da!, flehte er in Gedanken. Und hoffentlich finden wir Axel!

Mr Dyer warf einen besorgten Blick auf die Juniordetektive und seufzte. In welche Lage hatte er die drei nur gebracht! Was würde man mit ihm machen, wenn den Kindern ein Unglück zustieß?

Es schien eine Ewigkeit zu dauern, bis sie sich an die Sandbank herangekämpft hatten.

Das Licht wurde nach und nach größer, und Lilo hatte den Eindruck, dass es sich um eine Art Fackel handelte, die an einem Pfahl befestigt war.

Nach einer weiteren halben Stunde gelang es ihnen endlich, an Land zu gehen.

Im Licht der Handscheinwerfer erkannten die Knickerbocker, wie schnell das Meer anschwoll und die Sandbank überspülte.

Sie sahen auch den Pfahl, der in den Sand getrieben war und der Fackel als Stütze diente. Die Flammen flackerten heftig, trotzten dem Sturm aber. Axel war an den Pfahl gefesselt. Seine Augen leuchteten vor Freude auf, als er seine Freunde erblickte.

Poppi beugte sich zu ihm und befreite ihn.

„Wie habt ihr mich gefunden?", fragte er.

„Keine Zeit für Fragen!", schrie Lilo. „Wir müssen zurück. Der Seegang wird immer gefährlicher!"

Mr Dyer und die Knickerbocker stürzten Richtung Ufer und erschraken: Das Boot war fort!

Lilo leuchtete den Sand ab und entdeckte die Abdrücke von riesigen Schuhen. Wahrscheinlich Gummistiefel. Aber keiner von ihnen trug welche.

Der Hotelbesitzer raufte sich die Haare. „Die Flut hat es weggetragen!" Aus der Dunkelheit drang das laute Aufheulen eines Außenbordmotors.

„Das ist das Boot, mit dem ich hergebracht wurde!", schrie Axel und rannte darauf los. Seine Freunde und Mr Dyer folgten ihm.

Doch das Boot brauste durch die Nacht davon.

„Dominik, gib mir sofort deine Jacke!", befahl Lieselotte.

Hast du eine Idee, was Lieselotte jetzt vorhat?

Der Junge zog seine Jacke aus, und Lilo griff danach. Sie lief zur Sturmfackel zurück und hielt die Jacke davor. Sie wartete und zog sie dann wieder weg – dreimal lang, dreimal kurz, dreimal lang: SOS.

Lilo rief um Hilfe. Hoffentlich fielen die Blinkzeichen jemandem auf!

„Was machen wir jetzt?", schrie Dominik, als auch nach dem siebenten Signal niemand geantwortet hatte.

Lilo drückte ihm die Jacke in die Hand und sagte: „Los, mach weiter!" Dann ließ sie sich neben Axel nieder, der zitternd im nassen Sand hockte.

„Ich kann nicht mehr!", stammelte der Junge erschöpft. „Wir werden alle sterben ... vorhin, als ich gefesselt war ... es war so schrecklich! Und wenn uns jetzt niemand entdeckt, sind wir verloren ...", begann er zu schluchzen.

Auch Lieselotte hätte am liebsten losgeheult, doch sie musste jetzt die Nerven bewahren. Sie tröstete Axel, so gut es ging, und nach ein paar Minuten hatte er sich wieder einigermaßen beruhigt.

Das Wasser rückte immer näher heran. Die Sandbank war höchstens noch halb so groß wie bei ihrer Ankunft.

Poppi war ganz grün im Gesicht. Mr Dyer hatte seinen rechten Arm um ihre Schultern gelegt – so fühlte sie sich sicherer. „Glauben Sie, dass jemand unsere SOS-Zeichen sieht?", schrie Poppi.

Doch die Frage ging im Sturmgeheule unter.

„Was hast du herausgefunden, Axel?", fragte Lilo.

„Es geht um Rauschgift! Ich habe kleine weiße Säckchen sehen können – das ist doch bestimmt Rauschgift!", antwortete der Junge.

Lilo nickte. „Jemand versteckt es in den Koffern der Gäste …!" Allmählich dämmerte ihr, wie alles zusammenhing. „Die ahnungslosen Gäste schmuggeln das Zeug in ihre Heimat, wo es ihnen jemand heimlich wieder abnimmt. Das Horrorhotel ist nichts anderes als ein Rauschgiftumschlagplatz. Das Gift wird in die Höhle und von dort in das abgesicherte Zimmer im Geheimgang gebracht. Dort präpariert man die Koffer. Axel, du hast den Kerl doch gesehen?"

Wer zieht die Fäden? Auf wen tippst du?
Lass dir noch einmal alle Ereignisse
durch den Kopf gehen!

Der Juniordetektiv schüttelte den Kopf. „Nein, die Gestalt war schwarz gekleidet und hatte einen Strumpf über dem Kopf!"

Lieselotte kam ein Verdacht: „Mr Higgins vom Leuchtturm! Ich wette, es gibt von dort einen Zugang zur Schmugglerhöhle. Der Mistkerl war es! Und wir sollen jetzt hier zu Grunde gehen, damit wir nichts ausplaudern können!"

Poppi drehte durch. „Lilo ... ich ... ich will nicht ertrinken! Das Wasser kommt immer näher ... und wir sind so weit von der Küste weg ... wir ... wir kommen nie lebend an Land! Schwimmen ist unmöglich!"

Die tödliche Falle war perfekt geplant.

Drei blinde Mäuse

Die Wellen rollten den vier Knickerbockern bereits über die Schuhe, als die Fackel erlosch. Das letzte Licht, das ihnen blieb, waren die beiden Handscheinwerfer.

„Wer hat uns hier bloß herausgelockt?", tobte Mr Dyer.

„Es kann nur Higgins gewesen sein!", antwortete Lilo trocken. „Aber das ist jetzt egal. Wir müssen zur Küste zurückschwimmen!"

Der Hotelbesitzer protestierte: „Das ist bei diesem Wetter unmöglich!"

Lilo stellte sich vor ihn hin, verschränkte die Arme und schrie: „Und was schlagen Sie vor?"

Der Mann schwieg.

Plötzlich sprang Axel in die Höhe, als hätte man ihn mit einer Nadel gestochen. „Seht doch ... dort ist ... ein Licht ... es kommt auf uns zu!"

Die vier schnappten die Handscheinwerfer, richteten sie auf den hellen Punkt, der auf- und niederhüpfte, und gaben wieder das SOS-Zeichen.

Ein Boot kämpfte sich durch das tosende Meer und näherte sich der Sandbank. Es war die Küstenwache. Sie nahm die Knickerbocker-Bande und Julies Vater an Bord.

„Was machen Sie hier? Sind Sie lebensmüde, Dyer?", schrie einer der Männer.

Der Hotelbesitzer erzählte mit wenigen Worten, was geschehen war.

„Mr Higgins ist ein Rauschgifthändler – Sie müssen ihn festnehmen", rief Lilo aufgeregt.

Der Mann von der Küstenwache staunte. „Dann hat ihn das schlechte Gewissen gepackt! Er war es nämlich, der uns alarmiert hat", sagte er.

Diese Mitteilung überraschte die Bande sehr.

Es war halb zwei Uhr morgens, als sie klatschnass und durchgefroren im Horrorhotel eintrafen.

Julie kam aus dem Zimmer hinter der Rezeption gestürzt und starrte die vier Juniordetektive und ihren Vater fassungslos an.

„Was … was ist mit euch los?", stammelte sie.

„Das erkläre ich dir später. Mach uns jetzt Tee!", schnauzte Mr Dyer sie an.

Nachdem die Knickerbocker heiß geduscht und sich etwas erholt hatten, schlüpften sie in ihre Jogginganzüge und gingen noch einmal in die Wohnung der Dyers hinunter.

„Setzt euch! Eine Tasse Tee ist jetzt genau das Richtige", brummte der Hotelbesitzer. „Außerdem will ich endlich erfahren, was da in meinem Hotel gespielt wird!"

Langsam begannen Axel und Lilo zu erzählen. Julie und ihr Vater hörten angespannt zu. Der Teekessel meldete mit lautem Pfeifen, dass das Wasser kochte, und die junge Frau sprang auf.

„Aber … aber … also … Ich habe mir nie den Kopf darüber zerbrochen, warum der Raum abgesperrt ist. Und zu dem Gepäck hat doch kaum jemand Zugang", stammelte Mr Dyer.

Seine Tochter kehrte mit einem großen Tablett zurück, und weil gerade Stille eingekehrt war, spitzte sie die Lippen und begann zu pfeifen.

Three blind mice, see how they run!
They all ran after the farmer's wife,
Who cut off their tails with a carving knife,
Did you ever see such a thing in your life,
As three blind mice?

Als Julie von neuem ansetzte, sang Poppi leise mit. Sie hatte in der Sommerschule gerade das Lied von den drei blinden Mäusen gelernt, die der Frau des Bauern nachliefen und durch ein Fleischermesser ihren Schwanz verloren.

Axel schoss in die Höhe. „Julie … du … du bist es! Du bist die Rauschgiftschmugglerin! Du hast mich zweimal fertig gemacht! Ich erkenne die Melodie!"

Die junge Frau starrte ihn erschrocken an. Blitzschnell holte sie eine Pistole aus der Jacke und richtete sie auf die Knickerbocker und ihren Vater.

„Julie!", tobte Mr Dyer.

„Es ist ein für alle Mal aus mit der lieben, netten Julie", zischte die Frau. „Setz dich, Vater! Jetzt rede nur noch ich. Mein ganzes Leben habe ich in dieser miesen Bude verbracht. Jetzt habe ich endlich Geld, und du wirst es mir nicht wegnehmen. Die Idee mit dem Schmuggel war einfach genial! Die ahnungslosen Idioten!"

Julies Stimme überschlug sich.

„Ich setze mich ab. Nach Brasilien! Und vorher werde ich euch alle für immer zum Schweigen bringen!"

Mr Dyer sprang auf „Ich bin dein Vater!", schrie er wie von Sinnen.

„Das ist mir jetzt egal!", antwortete Julie eiskalt. Sie hob die Pistole und legte den Zeigefinger an den Abzug.

Ein lautes metallisches Dröhnen ertönte und gleich darauf sank die junge Frau zu Boden.

Hinter ihr stand Mr Higgins mit einer Bratpfanne in der Hand. Er musste durch den Lieferanteneingang in der Küche gekommen sein.

„Ich wollte Sie eigentlich bloß wegen der blöden Verdächtigungen zur Rede stellen, Dyer!", sagte er leise. „Aber die traurige Erklärung für das, was vorgefallen ist, habe ich ja gerade selbst mit angehört."

Julie Dyer wurde verhaftet. Der Mann, der ihr das Rauschgift in die Schmugglerhöhle geliefert hatte, konnte ebenfalls gefasst werden, als er wenige Tage später abermals in dem verborgenen Hafen anlegte.

Mr Dyer konnte kaum sprechen, als sich die Bande von ihm verabschiedete. Er war fürchterlich geschockt. „Bleibt so, wie ihr seid!", sagte er mit zittriger Stimme, und zwei dicke Tränen kullerten ihm über die Wangen.

Die Juniordetektive suchten Mr Higgins auf, um sich bei ihm zu entschuldigen. Schließlich hatten sie ihn zu Unrecht verdächtigt. Der Mann hatte ihnen längst verziehen und teilte ihnen mit, dass er sich um seinen Nachbarn kümmern werde.

„Aber warum haben Sie das merkwürdige rote Zeichen gegeben?", wollte Axel wissen.

Mr Higgins grinste. „Ihr seid mir ja schöne Landratten! Das ist eine Warnung vor Sandbänken! Der Leuchtturm hat noch nie ein anderes Signal gegeben!"

Die Juniordetektive lachten über die einfache Erklärung und kehrten in die Sommerschule zurück. Der Direktor erwartete sie schon beim Eingang.

„Julie Dyer wollte auch euch als Schmuggler benutzen", meinte er. „Und ich dachte mir nichts, als
sie mich angerufen hat, um mir zu sagen, dass ihr
noch im Hotel bleibt. Auf jeden Fall weiß ich eines:
Im Aufklären von Kriminalfällen bekommt jeder
von euch die Höchstnote."

Wettlauf
nach
Atlantis

Inhalt

Ein Dieb
löst sich in Luft auf

Axel hob die Hand und klopfte zum vierten Mal an die Hotelzimmertür.

„Er ist nicht da. Kommt, gehen wir wieder!", sagte Poppi. Sie klang erleichtert.

Lieselotte hielt ihre Freundin zurück und meinte: „Er muss da sein! Schließlich hat er uns ein Telegramm geschickt."

„Und eine E-Mail!", fügte Axel hinzu.

„Und einen Brief!", ergänzte Dominik.

Alle drei Schreiben hatten den gleichen Inhalt gehabt: „Muss dringend mit euch sprechen. Kommt am 12. Juli um 15.00 Uhr in das Hotel Imperio, Zimmer 1313. Larry Hunt".

„Vielleicht hat sich jemand mit uns einen Scherz erlaubt", vermutete Poppi.

Dominik schnitt eine Grimasse. „Außer uns weiß doch niemand, dass wir Larry Hunt kennen." Er warf einen Blick auf seine Armbanduhr und stellte fest: „Freunde, wir sind viel zu früh. Es ist erst eine Minute vor drei Uhr. Detektive wie Larry Hunt nehmen es mit der Pünktlichkeit wahrscheinlich sehr genau."

Erst als der Sekundenzeiger auf zwölf sprang,

klopfte Dominik an die weiß lackierte Tür mit der vergoldeten Zimmernummer.

Sie hörten, dass drin eine Tür geöffnet wurde. Wasser rauschte. „Ich komme gleich! Bin noch unter der Dusche!", hörten die vier Mitglieder der Knickerbocker-Bande die Stimme des Privatdetektivs.

An den Geräuschen, die nach draußen drangen, war zu erkennen, dass Larry Hunt seine Dusche fortsetzte. Er sang sogar laut und falsch.

Lilo runzelte die Stirn. „Wieso hat er uns jetzt gehört und vorhin nicht?"

Dafür hatte Dominik eine Erklärung: „Er hat höchstwahrscheinlich auf die Uhr gesehen und damit gerechnet, dass wir schon vor der Tür stehen."

Ein hohes Pling kündigte das Eintreffen des Lifts an. Die Türen schoben sich auseinander und eine große, schlanke Blondine betrat den Gang. Sie trug einen bodenlangen schwarzen Mantel. Das Haar fiel ihr in großen Locken auf die Schultern.

Von ihrem Gesicht war wegen einer großen dunklen Sonnenbrille nicht viel zu erkennen. Wie ein Model auf dem Laufsteg schritt sie dahin. Ihre Hüften schwangen hin und her.

Axel beugte sich zu Dominik und flüsterte: „Sie erinnert mich an ein Kamel. Die haben auch so einen schwankenden Gang."

Die Frau klopfte an eine Zimmertür.

Dominik konnte sich nicht länger zurückhalten und prustete los.

Erschrocken drehte sich die Frau um. Als sie die vier Freunde sah, setzte sie ein zuckersüßes Lächeln auf: „Da ist ja mein Zimmer!", säuselte sie und holte aus ihrer Manteltasche eine Karte hervor. Schlüssel gab es im Hotel Imperio nämlich nicht. Jeder Gast erhielt eine Plastikkarte mit Magnetstreifen, auf dem alle Daten gespeichert waren.

Die Frau zog die Karte durch den Schlitz an der Seite der Tür. Ein grünes Licht leuchtete auf und sie konnte ihr Zimmer betreten. Lautlos schloss sie die Tür hinter sich.

„Da stimmt was nicht!", sagte Lieselotte leise.

Ihre Freunde sahen sie verwundert an. „Was soll daran nicht stimmen, dass jemand in sein Zimmer geht?", wollte Axel wissen.

„Würdest du an deine eigene Zimmertür klopfen, bevor du aufsperrst?", schnaubte Lilo.

„Wenn jemand da ist, der mir aufmachen kann, schon. Dann muss ich nicht den Schlüssel hervorkramen!", erwiderte Axel.

Lilo machte eine wegwerfende Handbewegung und schlich über den Gang. Der dicke Teppich unter ihren Füßen schluckte jedes Geräusch. Sie legte das Ohr an die Tür, hinter der die Frau verschwunden war.

„Was wollen Sie?", vernahm Lieselotte eine tiefe, sehr heisere Stimme.

Die Antwort war ein dumpfer Schlag. Etwas Schweres fiel zu Boden. Gleich darauf zerbrach etwas klirrend.

Lilo schluckte, dann winkte sie ihren Freunden.

„Hol sofort den Portier! In diesem Zimmer ist etwas geschehen!", flüsterte sie Axel zu. Als er nicht sofort loslief, fauchte sie: „Mach schon! Es wurde jemand niedergeschlagen."

Axel verdrehte die Augen. „Du siehst wirklich immer und überall Verbrechen. Bestimmt hat da drinnen bloß ein Mann sein blondes Mäuschen begrüßt!" Er spitzte die Lippen und schmatzte Küsschen in die Luft.

„Dumpfbacke, lauf endlich!", fuhr Lieselotte ihn an.

Poppi deutete auf das grüne Licht neben der Tür, das noch immer leuchtete. Die Tür war also nicht versperrt.

Lilo holte Luft und packte den Knauf. Sie drückte gegen die Tür, die sofort nach innen aufschwang. Ein kräftiger Luftzug wehte ihr ins Gesicht. Das Fenster war offen, und der Vorhang bauschte sich im Wind.

Lieselotte vergaß alle Vorsicht und stürmte ins Zimmer. Sie fand einen älteren Herrn in einem An-

zug, der mit dem Gesicht schräg nach unten bäuch-
lings auf dem flauschigen Teppich lag. Er bewegte
sich nicht.

Lilo kniete neben ihm nieder und hielt ihm den
Zeigefinger unter die Nase.

Er atmete. Sie spürte einen Lufthauch. An seinem
Hals war das Pochen des Blutes zu sehen. Der
Mann lebte und Lilo spürte eine große Erleichterung. „Los, hol endlich den Portier! Er braucht einen Arzt", trieb sie Axel an, der wie angewurzelt
im Vorzimmer stand. „Beweg dich endlich!"

Axel nickte wie ein Roboter und taumelte auf
den Gang.

Neben dem Mann lag ein zerbrochener Blumen-
topf. Die Scherben waren nach allen Seiten ge-
spritzt.

„Lilo, schau!" Dominik deutete auf ein Seil, das
am Fuß des extrabreiten Bettes befestigt war. Es
handelte sich um ein typisches Hotelbett auf Rollen, das leicht verschoben werden konnte.

Das Seil führte zum offenen Fenster und hing
dreizehn Stockwerke bis zum Gehsteig hinab.

„Diese Frau hat den Mann niedergeschlagen,
wahrscheinlich bestohlen und ist dann hinunter-
geklettert", kombinierte Dominik.

Poppi schüttelte den Kopf. „Unmöglich! Das
kann nicht sein."

Dominik stemmte die Hände in die Seite. „Und wieso nicht, Frau Schlaumeier?"

„Weil das Bett Räder hat. Wenn man am Seil hinunterklettert, wird es doch zum Fenster gezogen! Es steht aber auf seinem richtigen Platz."

Das leuchtete Lilo und Dominik ein. Beiden kam gleichzeitig ein schrecklicher Gedanke.

Lieselotte sprang auf. „Die Frau muss also noch hier im Zimmer sein!", flüsterte sie Poppi zu.

Dominik zeigte auf eine geschlossene Tür neben dem Bett. „Vielleicht im Badezimmer?"

Lilo schüttelte den Kopf. Eine Tonscherbe lag genau vor der Tür. Sie wäre zur Seite bewegt worden, wenn man die Tür geöffnet hätte.

Die Schranktüren standen alle offen.

Dominik warf einen Blick unter das Bett. Auch dort hatte sich die Frau nicht versteckt.

Der Mann hat kein Gepäck", stellte Lilo fest. Sie knetete ihre Nasenspitze. Das tat sie immer, wenn sie angestrengt nachdachte. Das regte ihre Gehirnzellen an.

„Die Frau kann sich doch nicht in Luft aufgelöst haben!", hauchte Poppi.

Lilo trat ans Fenster und beugte sich hinaus. Im 13. Stockwerk des Hotels wehte eine scharfe Brise. Es gab keinen Mauervorsprung, auf dem sich jemand hätte verbergen können.

Der Mann war noch immer bewusstlos. Liese-lotte ließ ihn in Ruhe. Sie wollte lieber auf den Arzt warten. Mit einem prüfenden Blick studierte sie sein Gesicht.

Die Haut war grau, und die Augen waren geschlossen. Seine Lippen glänzten ungewöhnlich rot.

Axel stürmte keuchend in das Zimmer. „Hier ist der Portier!", meldete er.

Ein kleiner, untersetzter Mann mit Halbglatze folgte ihm schnaufend.

„Der Doktor kommt sofort. Und die Polizei rufe ich von hier aus!", japste er. „Ist wohl ein Raubüberfall."

Lilo schüttelte stumm den Kopf. „Viel schlimmer", sagte sie mit ernster Miene.

Der erste Auftrag

„Schlimmer?" Dem Portier fielen fast die Augen aus dem Kopf. Er wischte sich mit den Händen über das verschwitzte Gesicht und murmelte immer wieder: „Oh du meine Güte, oh du meine Güte!"

„Ist es Mord?" Poppis Stimme versagte.

Lilo schüttelte wieder den Kopf.

„Kein Raubüberfall? Kein Mord? Was ist es dann?", wollte Axel wissen.

„Ein Test", lautete Lieselottes Antwort.

„Wie bitte?" Ihre drei Freunde blickten sie fassungslos an.

Lilo beugte sich vor und riss den bewusstlosen Mann an den Haaren.

Der Portier packte sie an der Schulter und wollte sie wegziehen. „Bist du verrückt?"

Die kurzen grauen Haare des Mannes gaben jedoch nach und Lieselotte hielt eine Perücke in der Hand. Darunter kamen schwarze Locken zum Vorschein.

„Meine Damen und Herren, Sie sahen Larry Hunt in der Rolle der blonden Frau und in der ihres Opfers!"

Mit breitem Grinsen richtete sich der angeblich

Ohnmächtige auf. Jetzt erkannten ihn auch die anderen Knickerbocker.

„Du warst fast perfekt. Allerdings hast du dir den Lippenstift schlampig abgewischt", kritisierte Lieselotte.

„Du hast … du hast uns das alles nur vorgespielt?", fragte Poppi ungläubig.

Larry lächelte verlegen und zwinkerte dem Portier zu.

„Was soll das?", wollte der Hotelangestellte wissen. Eine zornige Falte grub sich zwischen seine Augenbrauen.

Der Detektiv stand auf und schob ihn aus dem Zimmer. „Alles nur ein kleiner Scherz." Er steckte ihm einen Geldschein zu, der den Portier sofort beruhigte. Kopfschüttelnd zog er ab.

„Aber … aber wie kannst du dort unter der Dusche stehen, wenn du eigentlich hier bist?", wunderte sich Dominik.

Auch dafür hatte Lieselotte eine Erklärung: „In deinem Zimmer steht sicher ein Kassettenrekorder. Die Geräusche hast du alle vorher aufgenommen. Entweder wurde der Rekorder durch eine Zeitschaltuhr in Betrieb gesetzt, oder du hast einen langen tonlosen Vorlauf gelassen. Erst kurz nach drei Uhr kam dann die Duschszene."

Larry streckte den Daumen seiner rechten Hand

in die Höhe, als Zeichen, dass Lilo Recht hatte. Er hob die blonde Perücke und den Mantel vom Boden auf. Beides hatte er während der vorgetäuschten Ohnmacht unter seinem Körper versteckt gehalten.

„Kommt mit!" Die vier Freunde folgten ihm in sein Zimmer.

Gleich hinter der Tür stand, wie Lilo vermutet hatte, der Rekorder mit einer Zeitschaltuhr.

„Ich wusste, dass ihr pünktlich seid!", sagte der Detektiv strahlend. Er bat die vier, ihn kurz zu entschuldigen, und verschwand im Bad. In Jeans und einem schwarzen Hemd kehrte er zurück.

Axel, Lilo, Poppi und Dominik hatten es sich in den üppigen Polstersesseln bequem gemacht. Sie ließen die Beine über die Lehne hängen und sahen sich in dem großen Hotelzimmer um.

„Das muss ein Schweinegeld kosten, stellte Axel staunend fest.

„Tut es auch, aber ich muss es nicht bezahlen. Das Hotel gehört einem Freund von mir. Er hat mir die beiden Zimmer zur Verfügung gestellt", erzählte Larry Hunt.

Kennen gelernt hatten die Knickerbocker den Detektiv in London, als sie den Fall mit der goldenen Schlange gelöst hatten. Damals hatten sie Larry wegen seiner ungewöhnlich langen Arme und Beine und der Maske, die er trug, für einen Fliegenmenschen gehalten.

Der Detektiv fuhr sich nun mit den gespreizten Fingern durch den wuscheligen Haarschopf. Er schien keine Minute ruhig stehen zu können und schlenkerte ständig mit den Armen. Nachdem er den vier Freunden Cola und Orangensaft serviert hatte, kam er zur Sache. „Erinnert ihr euch noch? Ich habe euch vorgeschlagen, mich bei meiner Arbeit zu unterstützen!"

Die Juniordetektive nickten. „Wir haben gedacht, du hast dieses Angebot wieder vergessen. Schließlich haben wir lange nichts von dir gehört", sagte Lilo und nahm einen großen Schluck Cola.

„Ich habe Ferien gemacht", erklärte Larry. „Aber jetzt habe ich einen neuen Auftrag, bei dem ihr mir sehr behilflich sein könntet."

„Worum geht es?" Die vier blickten ihn gespannt an.

„Hm, ihr sollt auf einer Luxusjacht reisen, in der Sonne liegen, mit Delfinen schwimmen, Haie beobachten und das feinste Essen serviert bekommen" zählte Larry auf. „Eure Aufgabe ist es, den ganzen Tag so zu tun, als wärt ihr ganz normale Kinder."

Axel und Lilo protestierten gleichzeitig: „Wir sind doch keine Kinder mehr! Wir sind beide schon vierzehn! Wir sind Teenager."

„Okay, okay, ist ja gut!" Larry hob beschwichtigend die Arme. „Aber nun zu eurem Auftrag: Ihr sollt Professor Hieronymus Bock im Auge behalten."

Dominik runzelte die Stirn. „Den Namen hab ich noch nie gehört."

„Bock hat nach dem sagenhaften Schneemenschen, dem Yeti, gesucht. Und in den amerikanischen Wäldern war er hinter dem Bigfoot her. Im Urwald Afrikas war er einem Volk auf der Spur, das mit den Neandertalern verwandt ist, und im Pazifischen Ozean hat er nach einem Schwimmsaurier getaucht, der in 12 000 Metern Tiefe überlebt haben soll."

Lilo schmunzelte. „Scheint ein ziemlicher Spinner zu sein."

„Oder auch nicht. Er hat einen Tresorraum, in dem er angeblich die Beweise für seine Entdeckungen aufbewahrt. Er behauptet, den Yeti gefunden zu haben, Fotos des Bigfoots zu besitzen und sowohl die Verwandten der Neandertaler als auch Schwimmsaurier auf Video aufgenommen zu haben. In einigen Tagen bricht er zu einer neuen Forschungsreise ins Mittelmeer auf. Der Zweck ist nicht bekannt."

Dominik strich sich über das Kinn. „Und was hast du damit zu tun?"

„Die Tochter des Professors hat mich beauftragt herauszufinden, was ihr Vater diesmal plant. Er hat mehrfach Drohungen erhalten. Man hat ihn davor gewarnt, die Reise zu unternehmen."

Poppi meldete sich schüchtern zu Wort. „Aber welche Rolle spielen wir in diesem Fall?"

Larry ließ die Eiswürfel in seinem Glas klimpern. „Der Wissenschaftler ist Gast des Milliardärs Rupert Locker. Die Jacht gehört Locker. Natürlich habe ich keinen Zutritt zu diesen Kreisen, und es ist für mich unmöglich, den Professor von einem Beiboot aus zu beobachten. Aber: Rupert Locker nimmt auf seine Reise durch das Mittelmeer jedes Jahr vier Waisenkinder mit. Meine Schwester wird mit den echten Waisenkindern nach Florida fliegen und die Vergnügungsparks dort besuchen. Das macht ihnen ohnehin mehr Freude. Und ihr vier werdet an ihrer Stelle an Bord gehen."

Larry blickte die Bande erwartungsvoll an. „Also, was sagt ihr?"

Nach anfänglichem Zögern riefen die Knickerbocker wie aus einem Mund: „Ja!"

Larry Hunt atmete erleichtert auf. Ich regle alles mit euren Eltern, und selbstverständlich bleibe ich immer in der Nähe. Wir werden auch miteinander in Kontakt treten können. Unser Codewort lautet: Knickerbocker 2000."

Keiner der vier Freunde ahnte, worauf sie sich gerade eingelassen hatten. Bereits eine Woche später würden sie ihren Entschluss mehr als bereuen. Ihnen stand ihr bisher größtes Abenteuer bevor.

Ankunft
mit Schrecken

Keiner der Juniordetektive hätte je zugegeben, dass er ein flaues Gefühl in der Magengrube hatte. Vom Fenster des Flugzeuges aus sahen die Freunde unter sich die griechische Hauptstadt Athen liegen. Hier sollte die Kreuzfahrt starten.

Nach der Landung holten die Knickerbocker ihr Gepäck vom Förderband. Sie hatten jeder nur einen Rucksack.

„Wir werden abgeholt, hat Larry gesagt!", erinnerte sich Lieselotte.

„Von wem denn? Von diesem Milliardär? Oder vom Kapitän?", fragte sich Dominik.

Die vier traten in die Empfangshalle. Hier wimmelte es von Menschen.

„Dort stehen unsere Namen!", rief Poppi und deutete auf ein großes weißes Schild, das jemand in der Menge hochhielt.

„Das darf doch nicht wahr sein!", stöhnte Axel und runzelte die Stirn.

Unter dem Schild stand eine hagere Frau, die einen Besenstiel verschluckt zu haben schien. Ihre Lippen waren zu einem dünnen Strich zusammengekniffen, ihre Mundwinkel nach unten gezogen.

Von Spaß hatte diese Frau bestimmt noch nie etwas gehört.

Als sie die Juniordetektive kommen sah, lächelte sie säuerlich. „Habe ich es mit Axel, Lilo, Poppi und Dominik zu tun?", fragte sie.

„Nein, wir sind die sieben Zwerge, aber drei sind krank geworden!", antwortete Axel frech.

„Du bist wohl ein kleiner Scherzbold", stellte die Frau tonlos fest.

Lilo wollte nicht schon bei der Ankunft einen Streit haben und stellte sich und ihre Freunde höflich vor.

„Mein Name ist Rolanda, und ich bin eure Gouvernante", sagte die Frau. „Ich werde mich um euch kümmern und immer für euch da sein. Wir werden uns sicher gut verstehen."

Axel steckte sich hinter ihrem Rücken einen Finger in den Mund und tat so, als müsse er sich übergeben. Seine Freunde konnten sich kaum das Lachen verbeißen.

„Ich war erstaunt, dass ihr allein fliegen durftet. Normalerweise werden Kinder doch immer einer Stewardess übergeben, die aufpasst!", sagte Rolanda auf dem Weg zum Parkhaus.

„Ach so?" Lilo beschloss, sich dumm zu stellen. „Wir sind einfach am Flugplatz abgesetzt worden – uns wurden die Tickets in die Hand gedrückt und

Abflug!" Sie warf ihrer Begleiterin einen Mitleid erregenden Blick zu.

Die Gouvernante fuhr einen weißen Golf. Nachdem sie die Rucksäcke im Kofferraum verstaut hatte, krochen Axel, Dominik und Poppi auf die Rückbank. Lieselotte saß vorne.

Rolanda ließ den Motor an und legte den Rückwärtsgang ein.

Axel hörte Reifen quietschen und versuchte herauszufinden, welcher Wagen das verursachte. Er sah einen alten Möbelwagen, der die Auffahrt heraufkam und vor ihnen in einen langen Betontunnel einbog. Rolanda folgte ihm.

„Ich muss bei der Ausfahrt noch bezahlen", erklärte sie.

Der Möbelwagen wurde auf einmal langsamer und langsamer. Das obere Ende der Ladeklappe wackelte bedrohlich auf und zu.

Die Gouvernante hupte ungeduldig und fuhr ganz dicht auf. Sie blinkte den Fahrer an, doch dieser reagierte nicht.

Später wusste sie selbst nicht mehr, wieso sie es getan hatte. Aber plötzlich griff Lilo nach der Handbremse und zog sie mit aller Kraft an.

Der Golf bäumte sich richtiggehend auf und der Motor starb ab. Die Insassen wurden alle ganz schön durchgebeutelt.

„Was soll das?", schimpfte Frau Rolanda aufgebracht. „Bist du nicht ganz bei Trost?"

In diesem Moment sauste die Ladeklappe des
Möbelwagens mit voller Wucht herunter. Als sie
am Boden aufprallte, stoben die Funken.

Rolanda starrte fassungslos vor sich hin.

„Der Fahrer muss betrunken sein. Der hat nicht
ordentlich abgeschlossen!", rief Axel aufgeregt.

Lilo schüttelte den Kopf. Da stimmte etwas nicht!
Der Möbelwagen war zwar stehen geblieben, aber
niemand stieg aus.

Der Motor des Transporters heulte auf einmal
auf. Neben dem Blinker ging ein weißes Licht an.

„Der fährt zurück!", schrie Lilo entsetzt. Sie riss
die Tür auf und schwang sich aus dem Golf. Dann
klappte sie ihren Sitz vor, weil das Auto hinten
keine Türen hatte.

Auf ihrer Seite machte Rolanda das Gleiche.

„Schnell weg!", kommandierte Lieselotte.

Mit Vollgas raste der Möbelwagen los. Die offene Ladeklappe schob sich unter die Reifen des
Golfs und er wurde in die Höhe gehoben.

„Poppi! Poppi ist noch im Wagen!", brüllte Dominik.

Alles war so schnell gegangen, dass keinem aufgefallen war, dass Poppi Schwierigkeiten mit dem
Sicherheitsgurt hatte.

Axel rannte am Möbelwagen vorbei, um den Fahrer darauf aufmerksam zu machen, was sich am hinteren Ende seines Fahrzeugs abspielte. Er riss die Fahrertür auf und blickte in den Lauf einer Pistole. Das Gesicht des Mannes hinter dem Steuer wurde von einem Vollbart und einer verspiegelten Sonnenbrille verdeckt.

Die Tür wurde zugeknallt und verriegelt. Axel taumelte benommen zurück.

Aus dem Golf drangen Poppis Schreie. Der Wagen stand schon fast auf der hinteren Stoßstange. Mit einem Ruck setzte sich der Transporter wieder nach vorne in Bewegung. Der Golf rutschte von der Ladefläche und krachte mit voller Wucht auf den Boden. Die vordere Achse brach, und die beiden Reifen knickten zur Seite hin weg.

Der Möbelwagen fuhr mit einem Wahnsinnstempo davon und hinterließ eine schwarze Abgaswolke. Axel musste husten.

„Poppi? Poppi!", hörte er Lilo rufen.

Aus dem Golf kam keine Antwort.

Willkommen an Bord

Axel rannte zur Tür auf der Fahrerseite und wollte sie öffnen. Doch die Tür klemmte.

„Poppi? Bitte sag etwas!", rief er drängend.

Alle Scheiben waren beim Aufprall zu Bruch gegangen. Da es sich um Sicherheitsglas handelte, gab es keine Scherben.

Axel zog einen Schuh aus und schlug damit so lange gegen eine Seitenscheibe, bis die Folie, die die Glasteile zusammenhielt, endlich riss.

Poppi saß auf der Rückbank. Der Sicherheitsgurt hatte sie festgehalten. Sie war ohnmächtig.

„Poppi! Wach auf!", flehte Axel und streckte den Arm durch das Loch. Er kniff seiner Freundin in die Wange. Er war sehr erleichtert, als das Mädchen die Augen aufschlug.

„Alles in Ordnung?", fragte er besorgt.

Poppi nickte langsam. Der Schock steckte ihr noch in allen Gliedern.

Die Gouvernante wirkte um hundert Jahre älter.

„Was geht hier vor?", murmelte sie tonlos.

„Das wüsste ich auch gerne!", sagte Lilo.

Die Athener Polizei interessierte sich nicht besonders für den Vorfall. Für sie war bei einem

Transporter die Ladeklappe ungesichert gewesen, und der Lenker hatte nach dem Missgeschick eben das Weite gesucht.

Lilo hielt Axel zurück, als er die Beamten überzeugen wollte, dass es sich um eine geplante Aktion gehandelt hatte.

„Wir können es nicht beweisen!", gab sie ihm warnend zu bedenken.

„Ich habe in den Lauf einer Pistole geschaut!", knurrte Axel.

„Das glauben sie dir niemals!"

Poppi zitterte trotz der herrschenden Hitze. „Glau… glaubt ihr, die haben es auf uns abgesehen?", fragte sie leise.

Lilo schüttelte ratlos den Kopf. „Ich kann es mir einfach nicht vorstellen."

„Aber der Wagen hat auf uns gewartet!", meinte Axel.

„Auf jeden Fall ist etwas schief gelaufen. Die Ladeklappe hätte den Golf voll treffen sollen", überlegte Lieselotte laut.

„Wahrscheinlich wäre dann der Fahrer herausgesprungen und hätte uns überfallen", kombinierte Dominik.

Irgendetwas an dieser Geschichte gefiel Lieselotte nicht. Kannte jemand ihre wahre Identität? „Nein, völlig unmöglich!", versuchte sie sich zu beruhigen.

„Der Fahrer von Mister Locker wird uns abholen kommen , meldete Frau Rolanda, die noch immer sehr bleich war.

Eine halbe Stunde später bog ein blauer Bentley in die Zufahrt der Parkgarage. Ein Mann in weißem Hemd und dunkler Hose sprang heraus. Er lief zu den Freunden, die neben ihren Rucksäcken auf dem Boden kauerten und sehr armselig aussahen.

„Mister Locker ist erschüttert, was euch hier zugestoßen ist. Bitte steigt ein, er erwartet euch im Hafen!", sagte der Chauffeur, der Deutsch mit englischem Akzent sprach.

„Na, dieser Schlitten gefällt mir doch bedeutend besser. Die Sache hat doch etwas Gutes", meinte Axel und schnalzte mit der Zunge.

Die Sitze waren aus Leder, und im Wagen war es angenehm kühl. Zwischen den Vordersitzen befand sich ein Kästchen, das der Fahrer mit einem geschickten Griff öffnete. Es entpuppte sich als Kühlschrank mit verschiedenen Getränken.

„Bitte, bedient euch! Mein Name ist übrigens Arnold."

Arnold hatte kurzes, gekräuseltes, hellrotes Haar, hellrote Augenbrauen und sogar hellrote Wimpern. Auch seine Bartstoppeln leuchteten hellrot.

Immer wieder schilderte ihm die geschockte Rolanda den Vorfall. Der Fahrer hörte geduldig zu.

Piräus, einer der wichtigsten Häfen Griechenlands, schien riesig zu sein. Durch die getönten Scheiben sahen die Knickerbocker gigantische Last- und noble Kreuzfahrtschiffe.

An allen Ecken und Enden hupte es, Schiffshörner dröhnten, Möwen zogen kreischend ihre Kreise, und Lastwagen jeder Größe versuchten sich brummend einen Weg durch das Gewühl zu bahnen.

„Wahnsinn!", lautete Axels Kommentar, als sie vor einer blitzenden Jacht hielten. „Da wird ja ein Hund in der Pfanne verrückt!", fügte er hinzu.

Rupert Lockers Jacht hieß „Helena" und war ein langes, schlankes Schiff. Alles war makellos sauber, und die weiße Lackierung schimmerte im Sonnenschein. Die Fenster des hohen Aufbaues waren dunkelblau getönt und verspiegelt.

Nachdem die Bande ausgestiegen war, wendete Arnold und fuhr über eine Rampe an Bord. Der Bentley wurde am Hinterdeck mitgeführt.

Am oberen Ende der Gangway tauchte ein stattlicher Mann in weißen Hosen und weißblau gestreiftem Hemd auf. Trotz der Hitze hatte er ein gemustertes Halstuch umgebunden. Sein von eisgrauen Strähnen durchzogenes schwarzes Haar war ebenso exakt geschnitten wie sein Schnurrbart.

„Willkommen!", rief er und kam die Gangway mit großen Schritten heruntergelaufen. Er schüttelte den Knickerbockern die Hand und ließ sich ihre Namen nennen.

„Es ist mir eine Ehre, euch an Bord der ‚Helena' begrüßen zu dürfen. Ich bin Rupert Locker!", stellte er sich vor. Der Besitzer der Jacht roch nach einem würzigen Rasierwasser, und sein Haar duftete nach einem süßlichen Öl.

Die Bande hatte mit Larry Hunt geübt, wie sich vier Kinder, die bisher in einem Heim gelebt hatten, in dieser Situation verhalten würden. Sie gaben sich sehr schüchtern und verlegen, was die Knickerbocker normalerweise wirklich nicht waren.

Der Milliardär führte sie an Bord. „Eure Gouvernante, Frau Rolanda, wird euch gerne herumführen und euch zeigen, welche Räume ihr betreten dürft. Zuerst wird sie euch aber zu euren Kabinen bringen", verkündete Locker und verabschiedete sich mit einem leichten Kopfnicken.

„Aufgeblasener Pavian!", zischte Axel.

Frau Rolanda begleitete die Bande eine steile Treppe nach unten in den Bauch der Jacht. Die vier staunten, wie viele Räume sich hier befanden.

„Typisch, wir wohnen natürlich ganz unten", knurrte Axel.

Die beiden Kabinen für die angeblichen Waisenkinder lagen am Ende eines schmalen Ganges. In jeder Kabine waren zwei Betten übereinander untergebracht. Wenn sich zwei Personen in einer Kabine aufhielten, konnte man sich kaum bewegen.

„Ihr habt ein gemeinsames Badezimmer und eine gemeinsame Toilette!", erklärte die Aufpasserin.

Axel öffnete eine Tür in der Wand zwischen den Kabinen. „Hier ist nur ein Klo, in das sich ein Brausekopf verirrt hat!", meldete er. „Wo ist das Badezimmer?"

„Das ist das Badezimmer!", antwortete Frau Rolanda.

„Aha!", lautete Axels Kommentar.

„Ich wohne übrigens gegenüber. Bitte macht euch jetzt frisch und zieht saubere Sachen an. Wenn ihr fertig seid, klopft bitte an meine Tür!" Die Erzieherin schenkte der Bande ein säuerliches Lächeln und verschwand dann in ihrer Unterkunft. Frau Rolandas Kabine war mindestens viermal so groß wie die beiden Kabinen der Knickerbocker zusammen.

Die vier taten so, als würden sie der Gouvernante gehorchen, und schlüpften in ihre Kabinen. Durch das gemeinsame Bad konnten sie einander besuchen, ohne dass irgendjemand etwas davon bemerkte.

„So, jetzt kommt zum ersten Mal unser Baby zum Einsatz!", sagte Lieselotte.

Geheimnisvolle Türen

Aus ihrem Rucksack holte Lilo ein graues, flaches Kästchen, das die Größe eines Buches hatte. Sie klappte es auf: Es handelte sich um einen Laptop. Dann nahm Lieselotte das Handy, das sie in der Vordertasche des Rucksacks aufbewahrt hatte. Mit Hilfe eines Verbindungskabels schloss sie es an den Computer an.

„Wir schicken jetzt Larry Hunt per E-Mail einen Lagebericht", sagte Lilo.

„Eine Nachricht, die über das internationale Datennetz, das so genannte Internet, auf elektronischem Wege an den Empfänger gelangt", erklärte Dominik in belehrendem Tonfall.

„Danke für den Vortrag!", stöhnte Axel.

Lieselotte tippte Larrys Namen und seine E-Mail-Adresse ein. Nachdem sie das Codewort Knickerbocker 2000 angegeben hatte, beschrieb die Bande die Ankunft und den Zusammenstoß mit dem Transporter. „Weiß auch bestimmt niemand, wer wir sind und warum wir uns an Bord der ‚Helena' befinden?", lautete der letzte Satz.

Zum Abschluss gab Lilo eine Kombination aus Zahlen und Buchstaben ein und drückte eine rote Taste. Der Brief wurde in Bruchteilen von Sekunden verschlüsselt und bestand nur noch aus unverständlichen Zeichen. Über das Handy wählte sich Lilo ins Internet ein und schickte das Dokument ab. Sekunden später würde es in Larrys elektronischem Briefkasten landen. Bestimmt wartete er schon darauf.

Der Detektiv hatte versprochen, immer in ihrer Nähe zu bleiben. Er wollte der Jacht in einem Abstand von zwei Meilen folgen. Über das Handy konnten sie ihn jederzeit erreichen und um Hilfe rufen.

Axel hatte über die strengen Sicherheitsvorkehrungen verächtlich geschnaubt. „Wir beobachten doch nur einen alten Professor. Was soll da schon geschehen? Wozu das ganze Theater? Schließlich haben wir es nicht mit einem Mafia-Boss zu tun."

„Sicher ist sicher!", hatte ihm Larry erklärt.

Als sie fertig war, schloss Lilo den tragbaren Computer. „Was machen wir mit dem Baby jetzt?", fragte sie.

„Müssen wir es verstecken? Es wird doch niemand unsere Sachen durchsuchen, oder?" Poppi machte ein ängstliches Gesicht.

„Ich glaube nicht. Aber diese Rolanda nimmt ihre Aufgabe als Wachhund sehr genau. Sie braucht nicht zu wissen, was wir mit dabei haben", meinte Lieselotte.

Axel deutete zur Decke der Kabine, die aus rechteckigen Platten bestand. Er kletterte auf das obere Bett und stemmte die Handflächen gegen eine Platte. Wie er gedacht hatte, ließ sie sich heben und verschieben. Im Hohlraum darüber verliefen Wasserrohre und Schläuche der Klimaanlage. Es war aber noch genug Platz, um den Laptop und das Handy unterzubringen.

Nachdem die Sachen verstaut waren, sprang Axel wieder herunter und schnaufte: „Und jetzt muss ich hier raus, sonst ersticke ich!"

Er verließ die Kabine der Mädchen und ging den Gang entlang.

Auf einmal flog rechts von ihm eine Tür auf. Aus dem blau erleuchteten Raum drangen Piepstöne.

Die Tür wäre Axel fast auf die Nase geknallt und verstellte ihm jetzt die Sicht. Jemand verließ den Raum und sperrte mit drei verschiedenen Schlüsseln drei Schlösser ab. Erst dann bemerkte er Axel, der wie angewurzelt stehen geblieben war.

„Tag, Mister Locker", sagte der Junge verlegen.

„Was tust du denn da?" Der Milliardär schien über Axels Auftauchen gar nicht erfreut zu sein.

„Ich … ich laufe den ganzen Tag durch die Gegend. Ich bin ein unruhiger Geist, sagen sie im Heim immer", schwindelte Axel. „Und was ist da drinnen?", fragte er unvermittelt.

„Das geht dich …" Rupert Locker brach mitten im Satz ab, fasste sich und meinte etwas freundlicher: „Mein Arbeitszimmer. Niemand außer mir darf es betreten!"

„Sie müssen arbeiten?", staunte Axel. „Aber Sie sind doch so reich!"

„Wie, meinst du, bin ich das geworden? Nur durch harte Arbeit!", erklärte der Mann und lachte heiser. Er klopfte Axel auf die Schulter und sagte: „Du gehst jetzt am besten in deine Kabine zurück. Es gibt hier mehrere Orte, die ihr nicht betreten dürft."

Axel blickte ihn überrascht an. „Aber wieso?"

„Weil … es zu gefährlich ist. Deshalb!" Mit diesen Worten schritt der Milliardär davon.

Axel setzte natürlich seine Erkundungstour fort. Er inspizierte die Mannschaftsräume: Die Unterkünfte der Seeleute waren so winzig wie die Kabinen der Knickerbocker.

Ein paar Meter weiter stieß er auf den Zugang zum Maschinenraum. Die Metalltür stand offen und der Geruch von Öl und Diesel stieg ihm in die Nase.

Ganz am Ende des Ganges sah Axel eine weiße Metalltür, an der drei breite Riegel angebracht waren, die mit Vorhängeschlössern abgesperrt werden konnten.

„Was ist denn das? Ein Kerker?", dachte Axel.

Die Tür war nicht geschlossen. Vorsichtig versuchte der Juniordetektiv durch den schmalen Spalt zu spähen. Ein muffiger Geruch schlug ihm mit einem Schwall feuchter Luft entgegen.

Axel zog die Tür auf. Sie war schwer und bewegte sich nur mit großem Widerstand.

Erschrocken wich Axel zurück.

Wie aus dem Boden gewachsen, war ein Mann aus dem Raum getreten. Er stieß Axel mit der Hand zurück und kniff die Augen zusammen.

„Was hast du hier zu suchen?", zischte er ihn an.

Axel schenkte ihm einen Blick wie ein Lämmchen. Er streckte ihm artig die Hand entgegen und sagte: „Ich heiße Axel. Ich bin von Mister Locker eingeladen worden. Ich bin sehr froh, dass ich hier sein darf."

Der Mann hatte kurzes, glänzendes, pechschwarzes Haar. Auch seine Augenbrauen waren auffallend schwarz. Das Gesicht erinnerte Axel an einen Filmstar, der meistens Superhelden spielte.

„Ach so, du bist eines der armen Wesen aus dem Waisenhaus", brummte der Mann und entspannte sich.

Axel nickte.

„Trotzdem hast du hier nichts zu suchen. Wurde dir das noch nicht gesagt?"

Axel schüttelte den Kopf.

„Na ja, ist ja nichts passiert. Los, hau ab!" Der Mann verscheuchte den Jungen und begann dann die Riegel vor die Tür zu legen und abzuschließen.

Etwas war eigenartig an ihm. Er trug ein kurzärmeliges weißes Hemd und eine blaue Leinenhose. Keine einzige Falte verunzierte seine Kleidung. Doch das untere Ende der Hosenbeine war schmutzig. Axel sah mehrere Streifen – als wäre jemand zum Spaß mit Kreide über die Hose gefahren. Weißer Staub hatte bis zu den Knien Spuren hinterlassen.

„Was … was ist denn dort drinnen?", fragte Axel und zeigte auf die Tür.

„Nichts! Nur ein Laderaum, der leer ist", antwortete der Mann, ohne die Miene zu verziehen.

Nachdenklich schlenderte der Knickerbocker davon. „Wieso lügt der Typ? Kein Mensch würde einen leeren Laderaum dreifach absperren."

Über eine steile Holztreppe kletterte der Junge nach oben auf das nächste Deck. Die Gänge waren hier breiter und mit einem flauschigen Teppich ausgelegt.

Ein junger Mann polierte einen Messingtürknauf und pfiff dabei fröhlich vor sich hin.

„Hi!", begrüßte er Axel. „Wer bist denn du?"

Axel wiederholte sein Sprüchlein von vorhin.

Der Bursche wischte sich die Hand an der Hose ab und streckte sie ihm hin. „Ich heiße Bobby und bin hier an Bord der Junge für alles."

Bobby hatte lustige Augen und einen wuscheligen Haarschopf. Sein Gesicht war von Sommersprossen übersät.

Vom oberen Deck kam jemand herunter. Bobby presste sich mit dem Rücken an die Wand.

Axel verzog fragend das Gesicht.

„Los, mach Platz, sonst bekommst du Ärger!"

Die wandelnde Mumie

Ein unangenehmer Geruch, der an feuchte alte Kartoffelsäcke und nasse Mauern erinnerte, machte sich breit.

Axel drehte sich um und sah auf der letzten Stufe der Treppe einen Mann. „Eine lebendige Mumie!" Das war das Erste, was ihm zu dieser Gestalt einfiel.

Die Haut des Mannes war zerknittert und gelbgrau und auf seinem Kopf spross nur noch ein Flaum aus dünnem Haar.

Erschrocken wich der Knickerbocker zurück und presste sich neben Bobby an die Wand.

Besonders unheimlich waren die grauen Augen: Der Blick war hart und kalt. Axel wurde das Gefühl nicht los, dass dieser Mann in jeden Menschen hineinschauen konnte. „Wer ist das?", flüsterte er.

„Xerxes", hauchte Bobby ehrfürchtig.

Xerxes schien die beiden Jungen gar nicht wahrzunehmen. In seinem bodenlangen grauen Mantel aus Seide ging er schlafwandlerisch an ihnen vorbei.

Hinter ihm erschien ein zweiter Mann, der kaum größer als Axel war. Er hatte langes schneeweißes Haar, das in der Mitte gescheitelt war.

„Großer Meister, darf ich noch heute mit einem Hinweis rechnen?", fragte er die Mumiengestalt in ehrfürchtigem Tonfall.

Diese drehte sich langsam um und murmelte: „Ich werde mit dem Ritual beginnen, sobald wir den Hafen verlassen haben."

Der Weißhaarige verneigte sich dankbar. „Großer Meister, welche Ehre, dass Sie mir bei meinen Forschungen helfen!"

Wortlos wandte sich die Mumiengestalt ab und verschwand in einer Kabine.

Der ältere Herr seufzte tief und strich sich eine Haarsträhne aus dem verschwitzten Gesicht.

Axel hatte ihn sofort erkannt. Es war niemand anderer als Professor Hieronymus Bock.

Glücklich vor sich hin lächelnd, zog sich der Professor zwei Türen weiter in seine eigene Kabine zurück.

„Wer ist Xerxes?", erkundigte sich Axel.

Da aber kam Mister Locker von oben.

„Später!", zischte Bobby.

Bevor der Milliardär etwas sagen konnte, war der Knickerbocker schon davongesaust.

„Und, wie ist es so an Bord?", wollten seine Freunde von ihm erfahren, als er zurückkehrte.

„Sehr, sehr seltsam!", meinte Axel. „Die ‚Helena' kommt mir wie eine schwimmende Geisterbahn vor. Hinter jeder Tür wartet eine neue Überraschung."

Nur ein paar Minuten später holte Frau Rolanda die vier Knickerbocker zu einem Rundgang durch das Schiff ab. Mister Locker hatte sich bereits bei ihr über Axels Alleingang beschwert und sie hielt ihm deshalb eine lange Strafpredigt. Geduldig ließ er diese über sich ergehen.

Die Jacht war riesig. Im Unterdeck, wo die Bande wohnte, waren zwanzig Kabinen, im Deck darüber weitere zehn. Auf dem Sonnendeck lagen um einen kleinen Pool mit Liegestühlen weitere Räume: In einem wurde gegessen und in einem anderen stand eine wuchtige Sitzgruppe. Daneben gab es eine auf den ersten Blick gut ausgestattete Bibliothek, ein Zimmer für Kartenspiele und einen Fitnessraum.

Über diesen Räumen befand sich die Kommandobrücke.

Am Heck, wo der Wagen abgestellt war, entdeckten die vier noch andere Gefährte: Manche waren kugelförmig, andere länglich. Sie hatten die Größe von schweren Motorrädern und kleinen Autos und waren mit hellen Planen abgedeckt und vielfach vertäut.

„Was ist unter den Planen?", fragte Dominik.

„Das kann ich leider nicht beantworten!", sagte Frau Rolanda. „Wir werden in Kürze ablegen. Das erste Ziel der Fahrt wird die Insel Kreta sein. Wenn wir an Land gehen, werde ich euch einen alten griechischen Palast zeigen."

Der Satz, den die Bande während des Rundgangs am häufigsten hörte, lautete: „Hier ist euch der Zutritt verboten." Die Knickerbocker durften eigentlich nur in ihren Kabinen versauern oder in der Sonne liegen. Überall anders waren sie unerwünscht.

Um sechs Uhr am Abend lief die Jacht aus. Ein Schwarm kreischender Möwen begleitete sie.

Um acht Uhr rief eine Glocke zum Abendessen.

„In Zukunft werden wir die Mahlzeiten in einem Raum neben der Küche einnehmen", erklärte Frau Rolanda. „Da aber heute euer erster Abend an Bord ist, lädt euch Mister Locker in den Speisesalon. Ich hoffe, ihr wisst euch zu benehmen."

„Na ja, ab und zu steche ich mich mit der Gabel, und meistens schnäuze ich mich ins Tischtuch. Aber sonst habe ich alles unter Kontrolle", meinte Axel mit ernstem Gesicht.

Frau Rolanda kniff die Lippen zusammen. Irgendjemand musste ihr einmal gesagt haben, dass man auf solche Bemerkungen nicht eingehen sollte.

Im Speisesalon war ein langer Tisch gedeckt. Mister Locker saß am oberen Ende. Neben ihm nahm der Professor Platz, auf der anderen Seite eine Frau in einem langen Abendkleid. Sie machte ein gelangweiltes Gesicht und war wie ein Weihnachtsbaum mit Schmuck behängt. Neben sie setzte sich der Typ mit dem pechschwarzen Haar. Ein Stuhl in der Mitte der Tafel blieb leer.

Ein Kellner im weißen Smoking flüsterte Rupert Locker etwas ins Ohr.

„Nein, wir warten noch ein bisschen!", lautete die leise Antwort des Milliardärs. „Ich möchte gerne meine Gäste miteinander bekannt machen!", sagte er dann mit voller Lautstärke. Er stellte den Wissenschaftler vor und berichtete, dass dieser ein geheimes, aber sehr wichtiges Forschungsprojekt betrieb. „Es ist mir eine große Freude, dass ich Professor Bock unterstützen und an Bord begrüßen darf."

Der Professor erhob sich bedächtig und verneigte sich nach allen Seiten. Die Knickerbocker spendeten Applaus.

„Die Dame an meiner Seite ist meine verehrte Gattin Nadine."

Mrs Locker starrte finster auf ihren Teller.

„Mein Assistent Fernando", sagte der Jachtbesitzer mit einer Handbewegung auf Schwarzköpfchen. „Unsere jungen Freunde geben am besten selbst über sich Auskunft."

Verlegen stotterten die Knickerbocker herum. Sie

mussten unter allen Umständen schüchtern erscheinen, das hatte ihnen Larry eingeschärft. Je harmloser sie wirkten, desto mehr würde man ihnen erzählen.

„Wir warten nur noch auf Herrn Xerxes", kündigte Rupert Locker an.

In diesem Augenblick erschien die Mumiengestalt in der Tür. Der Mann trug einen weißen Seidenmantel. Wortlos ließ er sich auf seinen Stuhl sinken.

„Von gutem Benehmen hat der Typ noch nie etwas gehört!", murmelte Lieselotte ihren Freunden zu.

Xerxes starrte auf eine volle Weinkaraffe, die vor ihm auf dem Tisch stand, als wolle er diese hypnotisieren.

Poppi schlug die Hand vor den Mund.

Der Krug ruckte nämlich! Ganz langsam, wie in Zeitlupe, begann er auf einmal zu schweben. Xerxes' Gesicht war vor Anstrengung und Anspannung verzerrt.

Alle Anwesenden verfolgten sprachlos das Ereignis. Ohne dass sie jemand berührte, bewegte sich die Karaffe auf das offene Fenster zu, überquerte das breite Deck und glitt über die Reling.

Xerxes schloss die Augen und die Karaffe stürzte ins Meer. Die Knickerbocker sprangen auf und rannten ins Freie. Von dem Krug war nichts mehr

zu sehen. Er war bereits in den Fluten verschwunden.

„Kein Wein!", bestimmte Xerxes mit tiefer, warnender Stimme. „Wein stört meine Wellen."

Sogar der sonst so stolze und selbstsichere Mister Locker schluckte heftig und brachte nur ein „Sehr wohl!" über die Lippen.

Axel, Lilo, Poppi und Dominik runzelten verwundert die Stirn.

Wie war das möglich gewesen? Wie hatte der Mann den Krug zum Schweben gebracht?

Wer war dieser Xerxes?

Wer ist Xerxes?

Das Abendessen war eine einzige Katastrophe. Zuerst gab es schwarze Fischeier, die nur nach Salz schmeckten. Danach wurde Hummer serviert, woraufhin Poppi den Tisch verließ. Sie aß keinen Hummer, weil die Tiere noch lebend ins siedende Wasser geworfen werden.

Als Hauptspeise wurde ein Lammbraten aufgetragen, dessen Geruch Lilo, Axel und Dominik den Magen umdrehte. Zur Nachspeise kam Poppi zurück. Die Mischung aus Kuchenteig, Pudding und Eis war sie bereit zu essen.

Gesprochen wurde nur sehr wenig. Der Grund war Xerxes, der immer wieder zu stöhnen begann. Er starrte Löcher in die Luft und murmelte Worte in einer Sprache, die die Knickerbocker-Freunde noch nie gehört hatten.

Endlich konnten sie in ihre Kabinen zurückkehren. Sie taten so, als würden sie schlafen gehen, und schlüpften noch in Straßenkleidung unter die Bettdecken. Frau Rolanda kam und löschte das Licht.

Die vier warteten ein paar Minuten und standen dann wieder auf.

Axel holte den Computer und das Handy aus

dem Versteck, und die Juniordetektive verfassten den nächsten Bericht.

Als sie ihn abschickten, zeigte ein blinkendes Briefsymbol an, dass ihnen auch Larry Hunt etwas geschrieben hatte.

Er teilte ihnen mit, dass er ebenfalls in See gestochen war und sich zwei Meilen hinter ihnen befand. Was den Vorfall in der Tiefgarage betraf, wollte er mehr darüber herausfinden. Er hielt die Sache für einen unglücklichen Zufall, versprach aber, alle Informationen sofort weiterzugeben.

„Was meint ihr, sollen wir noch einen kleinen Nachtausflug machen?", fragte Axel unternehmungslustig.

„Ja!", lautete die einstimmige Antwort.

Die Gefahr entdeckt zu werden war aber groß. Deshalb sollten nur zwei aufbrechen. Lilo nahm vier Papierstreifen in die Hand: Die Enden, die aus der Faust hervorguckten, waren gleich. Zwei Streifen waren allerdings kürzer.

Axel und Poppi zogen die langen Streifen – sie durften daher auf Schnüffeltour gehen.

Larry Hunt pfiff vergnügt vor sich hin, während er an einem Steak säbelte, das er sich über einem Kocher gebraten hatte.

Die Luft war sehr warm und sein kleines Schiff

schaukelte träge auf den Wellen. Es war ihm gelungen, einen Sender an Bord der ‚Helena' anzubringen, und er würde der Jacht problemlos folgen können.

Er warf einen Blick in seinen elektronischen Briefkasten und freute sich über den Bericht der Knickerbocker-Bande. Mit großer Aufmerksamkeit las er die Zeilen über Xerxes. Auch er stand vor einem Rätsel, was die Identität dieses Mannes betraf.

Noch eine weitere Nachricht war eingetroffen. Ein befreundeter Kollege aus Athen hatte für ihn Nachforschungen über den Zwischenfall in der Tiefgarage angestellt.

Larry Hunt las die Mitteilung einmal – dann ein zweites Mal und danach ein drittes Mal.

„Oh du meine Güte!", stöhnte er. So schnell wie möglich musste er die vier Freunde wieder von Bord der „Helena" holen. Er begann sofort einen Brief zu tippen, in dem er ihnen Anweisungen gab, wie sie nun weiter vorgehen sollten. Die Operation musste auf der Stelle abgebrochen werden. Die Knickerbocker waren in Lebensgefahr!

Mit leisem Tuckern näherte sich ein Fischkutter. Die grüne und die rote Laterne, welche die Seiten des Schiffes anzeigten, tanzten wie Glühwürmchen durch die Nacht.

Larry trat an die Reling, um den Fischern einen Gruß zuzurufen.

Der Kutter kam backbords so nahe, dass die Boote aneinander stießen.

„He, Vorsicht!", rief Larry auf Griechisch.

Aus der Finsternis tauchten zwei kräftige Arme auf, packten ihn und beförderten ihn auf den Fischkutter. Noch ehe er nach seiner Waffe greifen konnte, sah er schon in den Lauf einer Pistole. Er spürte einen Stich im Arm und verlor gleich darauf das Bewusstsein. Jemand sprang auf sein Boot und warf einen Blick auf den Computer. Die Warnung an die Juniordetektive war noch nicht abgeschickt. Die vier würden sie auch niemals bekommen.

Axel und Poppi schlichen geduckt durch die Gänge, die in ein dämmriges Licht getaucht waren. Das war den beiden nur recht: Kam ihnen jemand entgegen, konnten sie sich in einer Nische verstecken. Es war so düster, dass man sie nicht entdecken würde.

„Wo willst du hin?", fragte Axel flüsternd.

„Wir gehen am besten an Deck und spähen durch die Fenster in die Salons. Schließlich sollen wir ja herausfinden, was der Professor vorhat. Das ist unser Auftrag", erwiderte Poppi.

Axel stimmte ihr zu.

Als die zwei die Tür zum Deck öffneten, wehte ihnen eine warme Brise entgegen.

Der Wandelgang, der um die Jacht führte, wurde von elektrischen Lampen erhellt, die in altmodischen Bootslaternen steckten. Es sah sehr romantisch aus.

Poppi spürte, wie Axel sie mit dem Ellbogen anstieß und auf eines der Fenster zeigte. Pulsierendes blaugrünes Licht fiel heraus. Es wurde stärker und schwächer und hatte etwas Unwirkliches.

„Das muss die Bibliothek sein", raunte Axel seiner Freundin zu.

Tief geduckt huschten sie unter das Fenster und spähten durch die große rechteckige Scheibe. Vor Staunen blieb ihnen der Mund offen: Das pulsierende Licht ging von einem Stein aus, der auf einem niederen Tisch lag. Xerxes kniete am Boden und hielt beide Hände über den Stein. Er hatte den Kopf zurückgelegt und die Augen geschlossen. Seine Lippen formten Wörter, welche die Knickerbocker leider nicht hören konnten.

„Wahnsinn!", hauchte Poppi. „Schau doch!"

Der leuchtende Stein hatte sich zu bewegen begonnen. Er drehte sich langsam. Sein spitzes Ende schwenkte nach rechts, wackelte ein wenig und blieb dann in dieser Stellung.

Hinter Xerxes erkannten die Juniordetektive nun

Professor Bock und Rupert Locker. Der Wissenschaftler kaute an seinen Fingernägeln. Der Besitzer der Jacht hatte die Hände in die Hosentaschen geschoben und zu Fäusten verkrampft und biss sich auf die Unterlippe. „Wir müssen also in diese Richtung!", sagte Bock ehrfürchtig.

Xerxes öffnete die Augen und nickte langsam. Als er die Hände wegzog, erlosch das Licht des Steines auf der Stelle. Er schlug ihn behutsam in ein Tuch und verstaute ihn in einer versperrbaren Kiste.

Grußlos verließ er die Bibliothek.

Es war zu spät, um zu verschwinden. Axel und Poppi schmiegten sich gegen die Wand und spürten, wie ihnen der Schweiß aus allen Poren trat.

Nur wenige Meter entfernt ging eine Tür auf. Mit langsamen, schweren Schritten erschien Xerxes und kam direkt auf sie zu.

Die beiden Knickerbocker hielten die Luft an.

Doch der Mann schien überhaupt nicht zu bemerken, was um ihn herum geschah. Er war ganz in Gedanken versunken. Er erreichte die Tür, hinter der sich der Abgang zu den Kabinen befand, und öffnete sie.

Axel und Poppi atmeten erleichtert auf. Zu früh!

Xerxes drehte sich um und fixierte sie mit seinen kalten grauen Augen. Es schien den Knickerbockern, als würden sie Blitze aussenden. Dann stieß Xerxes ein sonderbares Fauchen aus. „Für eure Neugier mögen euch die Haare ausfallen!", zischte er und verschwand dann im Abgang.

Poppi fasste sofort nach ihrem langen braunen Haar und zog daran. Es saß fest. „Er kann uns doch gar nicht gesehen haben!", stammelte sie.

Axel zuckte mit den Schultern.

Sie hörten, wie Rupert Locker dem Professor eine gute Nacht wünschte und die Bibliothek verließ. Er schlenderte an den zusammengekauerten Juniordetektiven vorbei und spuckte ins Meer, bevor er, die Stirn grübelnd in Falten gezogen, zu seiner Kabine hinabstieg.

In der Bibliothek stand der Professor an einem Schreibpult und trug etwas in ein großes Buch ein. Sein langes weißes Haar hing ihm ins Gesicht.

Um mitzubekommen, was Bock schrieb, stand Axel auf.

Genau in diesem Moment wandte sich der Professor zum Fenster um und erblickte ihn.

Das Geheimnis
von Atlantis

Er schien überrascht, aber nicht böse zu sein. „Was tut denn ihr zwei um diese Zeit noch hier draußen?", erkundigte er sich, als er den Kopf ins Freie steckte.

„Wir sind so aufgeregt und können nicht schlafen!", sagte Poppi als Ausrede.

Der Professor winkte die beiden zu sich und lud sie in die Bibliothek ein. Er holte zwei Dosen Limonade aus einem Eisschrank, der hinter Regalen versteckt war, und schenkte sich einen Schluck Whisky ein.

„Jetzt oder nie!", dachte Axel und fragte: „Was sind Sie eigentlich für ein Professor? An welcher Universität unterrichten Sie denn?"

Bock lachte auf. „An gar keiner. Ich bin freier Wissenschaftler. Mein Spezialgebiet sind die letzten Sensationen, die diese Erde zu bieten hat."

„Also auch dieser Xerxes!", stellte Poppi fest.

„Xerxes, ja, der ist wirklich eine Sensation!" Der Professor schüttelte den Kopf, als könnte er selbst nicht fassen, was er an diesem Tag schon alles erlebt hatte.

„Wer ist Xerxes?", bohrte Axel.

„Hmmm … Wie soll ich euch das erklären?" Der Mann dachte nach und meinte dann: „Habt ihr schon einmal von Atlantis gehört?"

„War das nicht eine Insel?", antwortete Axel.

„Ja und nein. Atlantis war ein Reich. Oft wird es auch als der sechste Kontinent bezeichnet. Die Bewohner von Atlantis entsprangen der Verbindung des Meeresgottes Poseidon mit einer Sterblichen. Sie waren den Menschen ihrer Zeit weit überlegen. Sie wussten, wie man Metall bearbeitet, konnten Wolkenkratzer bauen und statteten ihre Häuser mit Klimaanlagen aus. Der Palast des Poseidon, eine mächtige Tempelanlage, war aus purem Gold und mit Elfenbein und Oreichalkos besetzt. Dieser Stoff, den die Bewohner im Untertagebau gewannen, soll wie Feuer geleuchtet haben. Die Insel war überaus reich an Mineralien und Edelmetallen. Das Gold hat man angeblich in armdicken Adern im Gestein gefunden. Damit aber nicht genug: Die Bewohner von Atlantis sollen über unglaubliche Kräfte verfügt haben und zum Beispiel in der Lage gewesen sein, mit der Kraft ihres Geistes Flugzeuge durch die Lüfte zu steuern."

„Was?" Axel und Poppi konnten es nicht glauben.

„Ja, die Bewohner von Atlantis konnten ihre Gedanken zu einer Kraft bündeln, die stark genug war, Maschinen mit mehr als hundert Personen an Bord abheben und fliegen zu lassen!", erzählte der Professor.

„Wie haben sie das gemacht?", fragte Axel aufgeregt.

Professor Bock hob die Schultern und ließ sie mit einem lauten Seufzen wieder sinken. „Das weiß niemand. Es wird berichtet, dass die Bewohner von Atlantis nach Macht gierten. Sie wollten die ganze Welt erobern und von ihrer Insel aus beherrschen. Schließlich zettelten sie einen Krieg nach dem anderen an. Aber dann kam die Katastrophe – die große Katastrophe!"

Poppi nagte an ihrer Lippe. „Was ist denn geschehen?"

„Atlantis ist vor etwa 12 000 Jahren mit allen seinen Schätzen und Aufzeichnungen im Meer versunken. Fest steht, dass das Wissen der ehemaligen Bewohner von Atlantis einen ungeheuren Nutzen für die heutige Welt bringen könnte. Und wer die Schätze entdeckt, der verfügt über schrankenlosen Reichtum."

Axel schüttelte verwundert den Kopf „Ich glaube Ihnen die Geschichte von den Bauten und den Schätzen. Aber bloß durch die Kraft seiner Gedanken ein Flugzeug zum Fliegen zu bringen ist einfach unmöglich!"

„Xerxes' Urahnen waren Bewohner von Atlantis. Hast du gesehen, was er heute beim Abendessen gemacht hat?", fuhr Bock fort.

Der Knickerbocker nickte langsam.

„Xerxes beherrscht die Sprache, die in Atlantis gesprochen wurde. Und er besitzt einen Stein, der von Generation zu Generation weitergegeben wurde. In den richtigen Händen weist dieser Stein den Weg zum versunkenen Atlantis!" Der Professor lehnte sich zurück. „Der Stein hat Jahrtausende geschwiegen. Doch vor einem halben Jahr bin ich Xerxes begegnet, und der Stein hat zu leuchten begonnen. Er hat entschieden, dass es an der Zeit ist, das versunkene Reich zu finden. Xerxes ist ein Seher, der mit Hilfe des Steines in lang vergangene Zeiten und in die Zukunft schauen kann. Er hat erkannt, dass er und ich dazu auserwählt sind, Atlantis aufzuspüren."

„Aber wie kann eine ganze Insel untergehen?", wollte Poppi wissen.

„Wahrscheinlich hat sie ein Meteor getroffen, der aus dem All auf die Erde gestürzt ist. Vielleicht ist aber auch ein Vulkan ausgebrochen. Außer Zweifel steht, dass nur sieben Menschen überlebt haben, darunter die Urahnen von Xerxes."

„Die genaue Stelle kennt nur der Stein?" Axel verzog ungläubig das Gesicht.

„Ja, so ist es. Manche Forscher behaupten, Atlantis läge weit draußen im Atlantik. Andere vermuten es in der Nähe der Bermuda-Inseln und wieder andere hier im Mittelmeer, nicht weit vor der griechischen Küste."

Poppi verstand. Vorhin hatte der Stein also angezeigt, in welche Richtung die Reise gehen musste.

„Warum haben Sie kein eigenes Boot?", fragte Axel.

Professor Bock lachte auf „Weil ich arm wie eine Kirchenmaus bin. Meine Forschungsreisen kann ich nur antreten, wenn mich jemand unterstützt. Ich habe viele reiche Leute angeschrieben und gefragt, ob sie mit mir Atlantis suchen wollen. Nur Rupert Locker hat mir geantwortet und war begeistert."

„Haben Sie wirklich einen Yeti gesehen und sind Verwandten der Neandertaler begegnet?", erkundigte sich Poppi, ohne viel nachzudenken.

Der Professor kniff die Augen zusammen. „Wieso weißt du davon?"

Sofort war Poppi klar, dass sie einen Fehler gemacht hatte. Verlegen stotterte sie: „Haben Sie doch vorhin gesagt!"

„Äh, habe ich das? Ich bin völlig durcheinander!" Professor Bock fuhr sich durch das lange weiße Haar. „Ich habe die letzten Sensationen der

Erde aufgespürt und bewahre die Beweisstücke in einem Tresor auf. Erst wenn ich von meiner letzten Reise zurückkomme, werde ich ihn öffnen. Sonst hätte ich keine Ruhe und dabei habe ich noch so viel vor!" Er kicherte verschmitzt.

„Was werden Sie tun, wenn der Stein anzeigt, dass Sie am richtigen Ort angekommen sind?", erkundigte sich Poppi.

„Rupert Locker hat mehrere Tauchroboter und Tauchboote gemietet, mit denen wir in vielen tausend Metern Tiefe den Meeresboden absuchen werden!", schilderte der Professor sein Vorhaben.

„Und wenn Sie das Gold finden?", unterbrach Axel.

Bock machte eine wegwerfende Handbewegung. „Das Gold interessiert mich nicht. Ich will die Aufzeichnungen haben und übersetzen. Xerxes hat mir seine Hilfe angeboten. Das Wissen wird uns in der ganzen Welt berühmt machen!" Verträumt blickte der Forscher zum Fenster hinaus in die Nacht.

Da begann die Kaminuhr zu schlagen.

„Mitternacht!", stellte der Professor erschrocken fest. „Höchste Zeit für euch! Ihr müsst jetzt ins Bett! Gute Nacht!"

Poppi und Axel verabschiedeten sich artig und verließen die Bibliothek.

„Kinder!", rief ihnen Hieronymus Bock nach.

„Ihr könnt euch glücklich schätzen, an diesem großen Abenteuer teilzunehmen."

Die Knickerbocker lächelten schief.

In den Kabinen wurden sie von tiefem Atmen empfangen. Lilo und Dominik schliefen bereits.

Gähnend schlüpften Axel und Poppi unter ihre Decken.

Bevor Axel einschlief, ging ihm noch einiges durch den Kopf. Das Vorhaben des Professors klang völlig verrückt. Xerxes schien allerdings wirklich über außergewöhnliche Kräfte zu verfügen. Warum war dem Professor nur gedroht worden? Warum sollte er die Reise nicht antreten? Gab es etwa noch jemanden, der nach den Schätzen von Atlantis suchte?

„Da stimmt etwas nicht!", dachte der Junge, als er einschlummerte.

Er sollte Recht behalten.

Tauchfahrt ohne Wiederkehr

Das Frühstück nahmen die Knickerbocker-Freunde in einem kleinen Raum neben der Kombüse ein. Dort aß auch die Mannschaft der „Helena". Die Seeleute lümmelten lustlos um den Tisch.

Poppi beugte sich zu Lilo und flüsterte: „Rupert Locker ist ein komischer Vogel – spielt den großen Wohltäter und nimmt Waisenkinder auf eine Seereise mit, steckt sie aber in die winzigsten Kabinen im hintersten Winkel."

Lilo pflichtete ihr bei.

Axel hatte riesigen Hunger gehabt und drei Spiegeleier, vier Scheiben Brot mit Marmelade und eine halbe Melone verdrückt. „Mann, ist mir schlecht!", stöhnte er.

„Seekrank?", fragte Frau Rolanda besorgt.

„Nein, nur überfressen! erklärte Dominik trocken.

Um frische Luft zu schnappen, taumelte Axel nach oben. Die Schiffsküche befand sich auf dem untersten Deck, und er trat keuchend ins Freie.

Die Sonne stand bereits hoch am Himmel und brannte herab.

Ein Stück entfernt lehnte Mister Locker an der

Reling und schaute auf das Meer hinaus. Fernando, sein Assistent, stellte sich neben ihn.

„Was gibt es?", fragte der Besitzer des Schiffes.

„Wir haben einen Maulwurf an Bord!", sagte Fernando und reichte ihm ein Blatt Papier.

Der Milliardär überflog, was darauf geschrieben stand, und runzelte die Stirn. Er schnalzte mit der Zunge und sagte: „Das gefällt mir gar nicht. Ich dachte, Sie hätten jedes Mitglied der Crew genauestens überprüft."

„Habe ich auch", versicherte ihm Fernando geschäftig. „Bis auf die Kinder natürlich."

„Na ja, die kommen ja auch nicht in Frage. Wer sich wohl hinter diesem Decknamen versteckt?" Rupert Locker ballte wütend die Faust. „Verdammt, das können wir jetzt wirklich nicht brauchen!"

So leise wie möglich verzog sich Axel im Retourgang wieder in das Treppenhaus. Sein Herz raste.

Als er später seinen Freunden von dem Gespräch erzählte, das er belauscht hatte, meinte Dominik: „Es hat sich also jemand eingeschlichen, der für jemand anderen arbeitet und Informationen weitergibt."

Lilo begann an ihrer Nasenspitze zu reiben: „Wenn die Geschichte über Atlantis stimmt, dann gibt es bestimmt jede Menge Schatztaucher, die als Erste am Ziel sein wollen."

Poppi nickte. „Der Professor hat bestimmt niemandem etwas verraten."

„Mister Locker wohl auch nicht. Er ist ja nicht dumm!", sagte Lieselotte.

„Und trotzdem hat jemand davon Wind bekommen", meinte Dominik.

„Uns kann das eigentlich völlig egal sein!", beruhigte Lieselotte ihn. „Wir haben unseren Auftrag erfüllt. Sollen wir überhaupt noch länger auf der ‚Helena' bleiben oder lassen wir uns von Larry abholen?"

„Ich würde schon gerne wissen, ob der Professor Atlantis findet!", gestand Dominik.

„Na gut, dann schicken wir Larry nur einen Bericht!", beschloss Lilo.

Sie verfassten eine Nachricht, wählten sich ins Internet ein und schickten sie ab. Fast gleichzeitig landete eine Botschaft von Larry in ihrem Briefkasten. Lieselotte gab den Befehl ein, sie zu entschlüsseln.

Sie lautete: „Dringendes Treffen nötig. Insel Santorin. Himmelblaues Haus mit weißem Dach und Punkten."

„Ein bisschen wortkarg, der gute Larry!", stellte Axel fest.

„Bin gespannt, was er uns zu sagen hat!", meinte Lilo.

Von Fernando erfuhr Axel, dass ein Landausflug auf die Insel Santorin geplant war. Allerdings würden sie erst in zwei Tagen dort anlegen.

Die Knickerbocker-Bande verbrachte die meiste Zeit an Deck in der Sonne. Von Zeit zu Zeit kühlten sie sich im Pool ab, spielten Volleyball, lasen oder langweilten sich. Frau Rolanda erschien trotz der Hitze kein einziges Mal in einem Badeanzug. Immer trug sie lange, weite Leinenhosen, die im Wind flatterten, und dunkle Blusen. Lachen hatten sie die vier überhaupt noch nie gesehen.

„Delfine!", rief Poppi aufgeregt am Nachmittag des zweiten Tages.

Aus den Wellen waren die glatten, geschmeidigen Körper der Meeressäugetiere aufgetaucht. In elegantem Bogen sprangen sie aus dem Wasser.

Bobby, der gerade das Deck geschrubbt hatte, stürzte an die Reling.

„Ich wette, sie reiten im Kielwasser!", keuchte er und gab der Bande ein Zeichen mitzukommen. Sie kletterten über eine Absperrung zum Bug, wo unter Planen zwei große Geräte versteckt lagen. Außerdem lagerten dort auch mehrere Kisten.

Bobby führte die vier Knickerbocker ganz nach vorne. Sie stiegen auf die unterste Querstange der Reling und spähten ins Wasser.

Links und rechts erhoben sich zwei klare, grünblaue Wellen und genau darunter schwammen Delfine. Sie schlugen kräftig mit der Schwanzflosse und schienen mit dem Schiff ein Wettschwimmen zu veranstalten.

„Klasse, nicht?" Bobbys Augen leuchteten.

„Irre!", staunte Axel.

Lilo drehte sich nach einer Weile um und deutete auf die abgedeckten Sachen an Deck. „Weißt du, was das ist?", fragte sie vorsichtig.

Bobby nickte. „Klar weiß ich das."

„Sagst du es uns auch?"

Fernando erschien auf dem Oberdeck und pfiff. „Bobby, was hast du dort unten zu suchen? Komm sofort herauf!", schrie er.

Gleich darauf tauchte hinter ihm Frau Rolanda auf und schimpfte los.

„Heute Abend habe ich frei. Wir treffen uns um neun am Hinterdeck", flüsterte Bobby.

Dominik hatte eine Idee. Auf beiden Seiten der Jacht hingen an starken Metallarmen knapp über der Außenbordwand Rettungsboote. Im Notfall konnten sie innerhalb von Sekunden zu Wasser gelassen werden. In eines dieser Boote verzogen sich die vier. Dort waren sie ungestört.

„Larry meldet sich nicht mehr. Er antwortet auch nicht auf meine E-Mails", berichtete Lieselotte.

„Der Faulpelz macht sich bestimmt ein paar nette Stunden. Er weiß, dass er uns auf Santorin trifft, und schnarcht deshalb eine Runde", meinte Axel.

Dominik pflichtete ihm bei. „Er hat doch in seinem Schiff ein Gerät eingebaut, das automatisch Kurs auf die ‚Helena‘ hält. Er muss also nicht einmal steuern."

„Ich bin nicht sicher, ob wir wirklich an Bord bleiben sollen. Vielleicht wäre es besser, nach Hause zu fliegen. Wir haben schließlich unseren Auftrag erfüllt!", gab Lilo zu bedenken.

„Wenn Larry das auch so sieht, hätte er uns längst zurückgepfiffen, oder?", sagte Dominik.

Lieselotte zuckte mit den Schultern.

Der Mond war in dieser Nacht fast voll. Er leuchtete hell vom Himmel und ließ gespenstische Schatten über das Deck huschen. Aus dem großen Salon drang lautes Lachen. Mister Locker feierte mit dem Professor und einigen Seeleuten.

Pünktlich um neun Uhr traf die Knickerbocker-Bande am Hinterdeck ein. Zur Sicherheit blieben die vier dort nicht einfach stehen, sondern versteckten sich hinter einer großen, weiß gestrichenen Kiste.

Bobby kam einige Minuten zu spät. Er ließ etwas

um den Finger kreisen, das hell klimperte. Suchend sah er sich um.

„Huuu!" Lilo sprang aus dem Versteck.

„Aaaa!" Bobby erschrak so heftig, dass er mit dem Rücken an die Reling stieß und nach hinten kippte. Lilo reagierte sofort, packte ihn an der Jacke und riss ihn zurück.

„Tu das nie wieder!", fauchte der junge Mann sie an. Sein wuscheliger Haarschopf schien sich durch den Schock aufgerichtet zu haben – wie die Stacheln eines Stachelschweins, das angegriffen wurde.

„Entschuldigung", brummte Lieselotte.

Nachdem sich Bobby wieder beruhigt hatte, wollten die Juniordetektive endlich erfahren, was sich unter den Abdeckplanen befand.

„Tauchroboter und Mini-U-Boote!", erklärte der Bursche. Die Bande war enttäuscht. Sie hatten etwas Aufregenderes erwartet.

Bobby gab ihnen ein Zeichen, dass er noch nicht fertig war: „Die Geräte haben einen Wert von über dreißig Millionen Dollar!"

Dominik stieß einen Pfiff aus.

„Und die U-Boote sind so klein, dass nur eine Person drinnen liegen kann. Sie können bis zu 10 000 Meter tief tauchen. Dort unten ist der Druck des Wassers so groß, dass er euch ohne die Schutzwand eines solchen U-Boots sofort zu Brei zerquetschen würde. Rupert Locker hat diese Mini-U-Boote extra für diese Reise bauen lassen!"

„Er scheint also sehr daran zu glauben, dass sie Atlantis finden werden!", stellte Lilo fest.

„Ich habe mich bei den anderen an Bord umgehört. Bisher hat sich noch keiner gefunden, der mit einem dieser Dinger tauchen will. Sie sind angeblich wendig, schnell und stark und können sogar große Lasten ziehen. Doch sie sollen auch sehr störanfällig sein. Stellt euch einmal vor: Ihr seid ein paar tausend Meter tief unten und das Ding bleibt stehen."

Dominik schluckte.

Mit gesenkter Stimme fuhr Bobby fort: „Zuerst fallen alle Steuerungssysteme aus. Das U-Boot sinkt immer weiter zum Meeresboden hinab und ihr könnt es nicht stoppen. Dann erlöschen die Lichter und euch umgibt nur noch Finsternis."

Lilo und Axel hielten den Atem an.

Bobby hauchte: „Das U-Boot wird zu einem Sarg, der nach schrecklichen Minuten auf dem Boden des Meeres aufschlägt. Ihr löst einen Erdrutsch aus und hört, wie euch eine Lawine aus Felsbrocken begräbt. Der Sauerstoff wird knapper und schließlich ringt ihr verzweifelt nach Luft. Ihr keucht und schnauft, aber es ist vorbei. Jämmerlich müsst ihr dort unten ersticken." Er starrte aufs

Meer hinaus, wo das Licht des Mondes auf den Wellen tanzte.

„Danke für die schöne Gute-Nacht-Geschichte! Wir werden jetzt bestimmt sehr gut schlafen!", sagte Axel trocken.

„Ich … ich wollte euch keine Angst einjagen!", verteidigte sich Bobby.

„Dazu musst du ohnehin früher aufstehen!", erklärte Lilo.

Bobby zeigte ihnen, was vorhin an seinem Finger geklimpert hatte. Es war ein Ring mit Schlüsseln. „Damit können wir einige Kabinen und Räume aufschließen, die sonst immer abgesperrt sind", sagte er mit unternehmungslustigem Grinsen.

„Dann nichts wie los!", meinte Axel.

Schaurige Fracht

Als Erstes wollten die Knickerbocker einen Blick in den Frachtraum werfen, aus dem Fernando am ersten Abend gekommen war. Sie stiegen nach unten und bogen am Ende der Treppe nach rechts ab.

Poppi blieb zögernd stehen. „Ich … ich komme nicht mit!", flüsterte sie Lilo zu. „Ich will mich lieber hinlegen."

„Angst?", fragte Lieselotte.

„Nein, Bauchweh. Es war Knoblauch in dieser Jogurtsoße. Das vertrage ich nicht."

„Ist gut!", sagte Lieselotte leise.

Ohne dass es die anderen bemerkten, kehrte Poppi in die Kabine zurück. Bobby und der Rest der Bande schlichen bis zu der Eisentür, die mit drei Riegeln verschlossen war.

An dem Ring, den Bobby heimlich an sich genommen hatte, hingen viele Schlüssel in verschiedenen Größen. Er musste einige ausprobieren, bis er endlich die drei richtigen gefunden hatte. Knackend sprangen die Vorhängeschlösser auf.

„Woher hast du den Schlüsselbund?", wollte Axel wissen.

„Habe ich mir von Fernando geliehen", antwortete Bobby grinsend.

Sie zogen die schwere Tür auf und schlüpften in den Raum, der dahinter lag. Die Luft war muffig und staubig. Wieder stieg Axel der eigenartige Geruch in die Nase. Was war das nur?

„Hat jemand eine Taschenlampe dabei?", fragte Bobby.

„Klar, wir sind doch Knickerbocker!", sagte Axel.

Lieselotte trat ihm fest auf die Zehen.

Axel verstand. Er hätte sich ohrfeigen können! Niemand durfte doch erfahren, wer sie wirklich waren.

„Ihr seid was?", hakte der Schiffsjunge nach.

„Äh … das sagt man bei uns so im Heim. Ein Knickerbocker ist jemand, der immer eine Taschenlampe eingesteckt hat. Die Marke, die wir im Heim haben, heißt Knickerbocker!", versuchte sich Axel herauszureden.

Die drei Juniordetektive zogen ihre Lampen hervor. Die Lichtkreise strichen über hohe Holzkisten, die gut an der Wand vertäut waren.

Stumm zeigte Lilo auf eine Art Käfig in der Mitte des Raumes. Darin standen viele aufrechte Gestalten, die in weißes Plastik eingewickelt waren.

Nach einigem Zögern streckte Lieselotte die Hand aus, griff durch die Stäbe des Käfigs und hob den Rand einer Plane hoch.

Erschrocken sprang das Mädchen zurück.

In diesem Augenblick fiel hinter ihnen mit einem dumpfen Geräusch die Tür zu. Von außen wurden die Riegel vorgelegt.

Axel, Lilo und Dominik stürzten sofort hin und schlugen mit den Fäusten dagegen. „Aufmachen, was soll das?", schrien sie.

Der Frachtraum war vom Dröhnen der Motoren erfüllt, die nebenan im Maschinenraum untergebracht waren.

„Schluss, es hört uns ohnehin niemand!", rief Lilo. „Wo ist eigentlich Bobby?"

Der Schiffsjunge war verschwunden.

„Bobby hat uns eingesperrt! Spinnt der total?", brauste Axel auf.

Lilo legte den Zeigefinger an die Lippen.

„Was soll das heißen?", schnaubte Axel wütend. „Ich will hier raus. Ich habe keine Lust, mit denen da die Nacht zu verbringen." Er deutete auf die Gestalten unter der Plastikfolie.

Lilo winkte ihn zu sich. „Reg dich ab!", zischte sie ihm ins Ohr.

Poppi lag in ihrem schmalen Bett und warf sich von einer Seite auf die andere. Sie konnte nicht einschlafen. Die Hitze in der Kabine war unerträglich. Außerdem war ihr immer noch übel.

Über der Kabinentür brannte eine ganz schwache Lampe.

Nun wurde auch noch die See unruhig! Der Kapitän hatte so etwas schon angekündigt. Das Schiff schwankte immer heftiger. Poppi spürte, wie sie seekrank wurde. Sie sprang auf, presste die Hand vor den Mund und wankte in das winzige Badezimmer.

Nachdem sie ihr Abendessen von sich gegeben hatte, fühlte sie sich leichter. Sie spülte den Mund aus und wusch sich das Gesicht mit kaltem Wasser.

Da wurde die Kabinentür geöffnet und sofort wieder geschlossen. Poppi öffnete den Mund, um Lilos Namen zu rufen, aber das Wort blieb ihr im Hals stecken. Sie hörte, wie das Bettzeug zu Boden geschleudert wurde.

Poppis Herz raste, und ihre Knie waren weich wie Butter. Was sollte sie jetzt tun? Wer war in der Kabine? Sie zitterte am ganzen Körper. Sie musste die Hände gegen die Wand stemmen, um sich halbwegs aufrecht zu halten. Obwohl es sie sehr viel Überwindungskraft kostete, lugte sie vorsichtig hinter der Tür hervor.

Im Dämmerlicht der Nachtlampe sah sie eine große, schlanke Gestalt die Kabine durchwühlen. Der Unbekannte war schwarz gekleidet und drehte ihr den Rücken zu. Mit sehr professionellen Griffen riss er die Matratzen von den Liegen und rollte sie ein. Das war der einfachste Weg, um festzustellen, ob dort etwas versteckt war.

Unter dem Bett holte er die beiden Rucksäcke hervor und leerte den Inhalt auf den Fußboden. Danach durchstöberte er die schmalen Kleiderschränke.

Nach einer kurzen Pause, in der er nachzudenken schien, näherte er sich dem Badezimmer.

Im Lagerraum kam ein Stöhnen aus der Dunkelheit. Sofort sausten die Strahlen der Taschenlampen in diese Richtung.

„Bobby!", riefen die drei gefangenen Knickerbocker überrascht. Der Schiffsjunge richtete sich auf und rieb sich den Hinterkopf. Er blinzelte und ächzte: „Mein Kopf tut höllisch weh."

„Was ist denn geschehen?", wollte Lilo wissen.

„Ich bin nach hinten gefallen. Wahrscheinlich, weil das Schiff so stark schwankt!", brummte Bobby.

„Oder weil du gestoßen worden bist!", meinte Axel.

Das Schiff wurde immer heftiger hin und her geworfen. Die Holzkisten knarrten und die Taue gaben knirschende, fast schon kreischende Laute von sich.

Am unheimlichsten aber waren die Geräusche, die aus dem Käfig drangen. Die umwickelten Figuren wackelten und schlugen gegen das Gitter. Es klirrte und rasselte, als ob sie jeden Moment ausbrechen wollten.

„Jemand hat uns eingeschlossen!", rief Dominik Bobby zu.

„Was?" Der Schiffsjunge wollte das nicht glauben. Er versuchte die Tür zu öffnen, war aber genauso erfolglos wie die Juniordetektive.

Das Klappern im Käfig wurde immer lauter.

„Da stehen Monster drinnen!", kreischte Dominik.

Bobby torkelte auf den Käfig zu. Er warf einen Blick hinter die Plastikabdeckungen und schnappte nach Luft: Grässliche Dämonenfratzen mit riesigen glotzenden Augen, langen Zungen und mächtigen Zähnen starrten ihm entgegen. Bei jedem Schwanken der „Helena" neigten sich die Gestalten vor, als wollten sie sich auf Bobby stürzen.

„Wieso führt Mister Locker die mit sich?", fragte Axel aufgebracht.

Eine riesige Woge katapultierte die Jacht in die Höhe. Die Knickerbocker wurden zu Boden geschleudert und Bobby landete quer über ihnen.

Der Deckel einer Kiste flog auf und gab einen schaurigen Inhalt preis.

Axel, Lilo und Dominik begannen aus Leibeskräften zu brüllen.

Als das Schiff hochgerissen wurde, verlor auch Poppi das Gleichgewicht. Rücklings plumpste sie auf die Toilette.

Der Einbrecher war gestürzt und fluchte leise.

Die Badezimmertür schwenkte auf und zu.

Poppi kam eine Idee, für die sie allerdings viel Mut brauchte. Zitternd erhob sie sich und tastete sich die Wand entlang bis zur Tür. Beim nächsten Schwanken, als die Badezimmertür zuschlug, schob sie schnell den Innenriegel vor.

Nur Bruchteile einer Sekunde später griff der Einbrecher von draußen nach dem Knauf und rüttelte daran. Als er merkte, dass sich die Tür nicht mehr öffnen ließ, trat er wütend dagegen und verließ die Kabine.

Es war zu ahnen, was er nun vorhatte.

Poppi zog hastig den Riegel wieder zurück und schlüpfte in die Kabine der Mädchen, die völlig verwüstet war. Mit einer Decke in der Hand kroch Poppi unter das Bett. Sie presste die Hand auf die Brust, um ihr jagendes Herz zu beruhigen. „Bitte, bitte, such überall, nur nicht hier!", flehte sie in Gedanken.

Sie hörte, wie der Einbrecher die Kabine der Jun-

gen durchwühlte und dann ins Bad polterte. Er warf Zahnbürsten und Waschsachen zu Boden und verschwand schließlich.

Keuchend und schwitzend blieb Poppi auf dem Boden liegen.

Wer war das gewesen? Und warum hatte er alles durchsucht? Wusste er, wer die angeblichen Waisenkinder wirklich waren? Und wo blieben ihre Kumpel?

Eine aufregende Nacht

Mit weit aufgerissenen Augen starrten die drei Juniordetektive auf die offene Kiste, in der die Leiche einer jungen Frau lag. Ihre Haut war grau, das Gesicht stark geschminkt. Bekleidet war sie mit einem wallenden Gewand aus weißem Stoff, das mit bunten Gürteln zusammengehalten wurde.

Noch immer schrien die drei vor Entsetzen.

„Hört auf! Schluss!", rief Bobby endlich. „Die Tür ist wieder offen."

Die Knickerbocker drehten sich um und sahen einen Lichtstreifen in den Laderaum fallen.

„Raus!", keuchte Lilo. „Schnell raus!"

Sie sprangen auf und stolperten in Panik auf die Tür zu.

Das Knarren und Krachen der Holzkisten wurde immer schlimmer. Dominik leuchtete ängstlich nach hinten und sah die Frauenleiche nach vorn kippen. Auf einmal stellte sich die Jacht so schräg, dass der Boden zu einer wahren Rutschbahn wurde. Dominik schlitterte zurück – direkt auf die offene Kiste zu.

Als sich dann das Schiff auf die andere Seite neigte, raste die Tote auf Dominik zu. Der Junge warf sich nach links und versuchte sich ihr aus dem

Weg zu rollen, damit sie nicht genau auf ihm landete.

Ein ohrenbetäubender Knall ertönte. Dominik spürte, wie Splitter auf seine nackten Arme und Beine prasselten. Schließlich fiel etwas Schweres auf seinen Rücken.

„Dominik, bitte sag etwas!", hörte er Lieselottes Stimme.

„Die Tote ... die Tote", stammelte Dominik.

„Beruhige dich ... das war keine Leiche! Das war eine Statue aus Gips!" Lieselotte zog ihren Kumpel hoch.

Am Boden lagen Trümmer der Gipsfigur. Dominik fiel auf, dass die Scherben auf der Innenseite schwarz waren. Gips war doch nicht schwarz! Für weitere Überlegungen blieb jedoch keine Zeit. Sie mussten von hier verschwinden.

Wieder auf dem Gang, schloss Bobby die Tür und Axel legte mit zitternden Fingern die Schlösser an.

Er wusste endlich, was der Geruch in dem Frachtraum zu bedeuten hatte. Er kannte ihn von der Schule, wo sie im letzten Jahr Gipsfiguren hergestellt hatten.

„Was soll dieses Gruselkabinett?", fragte Lilo.

„Keine Ahnung! Für heute habe ich jedenfalls genug", gestand Bobby kleinlaut.

„Wir auch!", stimmten die Knickerbocker zu. An der Treppe verabschiedeten sie sich von dem Schiffsjungen.

Als Axel, Lilo und Dominik das Chaos in ihren Kabinen sahen, bekamen sie den zweiten Schock in dieser Nacht. Poppi kroch unter dem Bett hervor und berichtete schluchzend, was geschehen war.

„Wir tun am besten so, als wäre nichts vorgefallen", schlug Dominik vor.

Lilo war dagegen. „Das wäre doch ein klarer Beweis, dass wir etwas wissen. Nein, wir müssen unsere Rolle unbedingt weiterspielen. Was würden vier ganz normale Kinder jetzt machen?"

Ein paar Minuten später klopften die Knickerbocker an die Tür der Gouvernante, die nach einer Weile verschlafen auftauchte.

„Wir müssen etwas gestehen", heulte Poppi.

„Wir haben etwas Schlimmes getan", schluchzte Dominik.

Die beiden machten ihre Sache großartig.

„Wir waren an Deck, um die großen Wellen zu sehen. Und jetzt sind unsere Kabinen völlig durcheinander!", berichtete Axel und fuchtelte aufgeregt mit den Armen.

Frau Rolanda warf sich einen Bademantel über und folgte den vieren. Sie war total entsetzt, als sie das Chaos erblickte. Sie befahl den Knickerbockern unten zu warten und kämpfte sich nach oben. Mit Fernando im Schlepptau kehrte sie nach wenigen Minuten zurück.

„Was hat das zu bedeuten?", hörten die Juniordetektive sie erbost flüstern. „Heute Mittag meine Kabine, nun die Unterkünfte der Kinder. Was ist hier los? Soll das ein Scherz sein? Darüber kann ich nicht lachen."

Fernando verzog keine Miene. Er inspizierte die beiden Kabinen und meinte nur: „Ich werde mit Mister Locker darüber reden. Bitte räumen Sie alles wieder auf."

„Ich? Wieso ich? Ich bin doch nicht als Putzfrau engagiert worden!", empörte sich Frau Rolanda.

Mit einem strengen Blick brachte Fernando sie zum Schweigen.

Eine Stunde später lagen die vier Knickerbocker in frisch gemachten Betten.

Lilo konnte noch nicht einschlafen und flüsterte: „Du, Poppi, ich glaube, wir werden gar nicht verdächtigt. Es wird anscheinend alles an Bord durchsucht."

„Aber von wem?", fragte Poppi leise.

„Vielleicht von dem Maulwurf, wer auch immer das sein mag", lautete Lieselottes Verdacht.

„Und warum?"

Darauf wusste Lilo keine Antwort. Wie gut, dass

sie den Computer und das Handy an einem sicheren Ort untergebracht hatten.

Sicherheitshalber schickte Lilo noch in der Nacht Larry Hunt einen Bericht über die schaurigen Ereignisse. Am nächsten Morgen traf folgende kurze Nachricht für die Juniordetektive ein: „Wir besprechen alles um 14.00 Uhr auf Santorin."

Die Jacht musste vor der Insel Santorin vor Anker gehen. Vom Ufer näherten sich sofort Ruderboote, und einheimische Jugendliche boten an, Passagiere der „Helena" an Land zu bringen.

Zum ersten Mal nach dem unangenehmen Abendessen sahen die Knickerbocker-Freunde auch wieder Mrs Locker. Sie trug eine Kappe mit einem riesigen Schirm. Man sah ihr an, wie langweilig sie alles fand. „Kinder, wir bleiben immer schön beisammen", ermahnte Frau Rolanda ihre Schützlinge. Auf dem Weg zu der Strickleiter, die die Matrosen an der Reling angebracht hatten, rutschte sie aus, kippte zur Seite und stöhnte auf.

„Au, ich habe mir meinen Knöchel verstaucht!", ächzte sie mit schmerzverzerrtem Gesicht.

Axel schlug sauer gegen die Reling. „Also jetzt wird wohl nichts aus dem Ausflug!"

„Ich muss leider an Bord bleiben. Und ihr natürlich auch", entschied Frau Rolanda.

Nadine Locker blickte über den Rand ihrer großen Sonnenbrille und meinte: „Aber wieso denn? Ich kann gerne ein wachsames Auge auf die Kinder werfen. Ihr werdet doch bestimmt nichts Schlimmes anstellen, nicht wahr?"

„Wir werden so brav sein, dass wir einen Preis verdienen!", versicherten die vier Freunde.

Die Gouvernante war von dem Vorschlag nicht begeistert. Doch was sollte sie tun? Mrs Locker war schließlich die Frau des Chefs.

Die Knickerbocker-Bande und die Gattin des Milliardärs bestiegen ein Ruderboot. Vor ihnen lag die berühmte hohe Steilküste.

„Wie kommen wir dort hinauf? Gibt es einen Lift?", fragte Poppi.

Dominik tippte sich an die Stirn. „Lift! Du hast Ideen! Wir werden auf Eseln hinaufreiten. Mein Hinterteil tut mir jetzt schon Leid."

Dominik hatte wie immer vor Antritt einer Reise mindestens zehn Reiseführer gelesen und wusste über alles Bescheid.

Die Knickerbocker, Mrs Locker und alle anderen Neuankömmlinge wurden auf geduldige Esel verfrachtet und von diesen über tausend Stufen nach oben getragen.

Oben angelangt, holte Nadine Locker einen Fächer aus der Tasche und klappte ihn auf. „Puh, diese Hitze!", beklagte sie sich. Sie entdeckte eine kleine Taverne mit einem schattigen Garten und schlug vor, dort etwas zu trinken.

Lilo warf einen Blick auf die Uhr. Es war zwanzig Minuten vor zwei. Sie mussten möglichst schnell das blaue Haus finden.

„Dürfen wir uns ein bisschen umsehen? Wir bleiben nicht lange weg", versprach das Superhirn der Bande.

„Aber natürlich! Hier könnt ihr nicht verloren gehen", meinte ihre Gastgeberin freundlich. „Hier sind ein paar Drachmen, kauft euch was Schönes!" Sie drückte Lilo einige Geldscheine in die Hand und winkte zum Abschied.

„Bin neugierig, was wir von Larry erfahren", sagte Axel.

„Zuerst müssen wir ihn finden. Ich habe bereits drei blaue Häuser entdeckt, aber keines mit Punkten auf dem Dach!", meldete Dominik.

Die kleine Stadt auf Santorin war eine Pracht. Die Häuser waren einfach gebaut und hatten oftmals kuppelförmige Dächer. Die Wände strahlten in der Sonne blütenweiß. Die meisten Fensterläden und Türen waren in einem leuchtenden Blau gestrichen.

„Von dort oben finden wir das Haus wahrscheinlich am schnellsten! rief Axel. Er hatte einen kleinen Turm entdeckt, in dem vier Glocken übereinander hingen. Über eine schmale Treppe mit sehr hohen Stufen gelangte Axel an die Spitze. Seine Freunde blickten zu ihm hoch.

Axel sah sich suchend um und entdeckte schließlich das Haus mit dem gepunkteten Dach. Er zeigte seinen Freunden die Richtung und merkte sich markante Gebäude, die in der Nähe standen.

Es war bereits kurz nach zwei, als die Knickerbocker den Treffpunkt keuchend und schwitzend erreichten.

Die Tür war geschlossen.

„Wer klopft an?", wollte Dominik wissen.

„Immer der, der fragt!", antwortete Lilo. „Außerdem brauchst du keine Angst zu haben. Die Tür beißt nicht, und wir treffen hier unseren Auftraggeber. Hast du das vergessen?"

Dominik schnitt eine Grimasse und klopfte.

Verzweifelt
und verfolgt

Privatdetektiv Larry Hunt, den alle seine Kollegen für einen „zähen Knochen" hielten, versuchte zum mindestens tausendsten Mal seine Fesseln abzustreifen. Nicht nur seine Füße waren zusammengebunden, sondern auch seine Hände – und zwar auf dem Rücken. Die dünne Plastikschnur schnitt bei jeder Bewegung sofort in die Haut.

Hunt heulte vor Wut und Verzweiflung. Er saß in einem völlig kahlen Raum und starrte auf die grauen Wände. Eine Lampe spendete fahles Licht.

Nur eine feine Linie in einer Wand verriet, dass sich dort eine Tür befand. Wenn sie von außen geöffnet wurde, konnte man erkennen, dass sie einen halben Meter dick war. Die Wände schienen sogar noch mächtiger zu sein. Wie ein Korken in einem Flaschenhals bewegte sich die Tür nach außen, wenn sie entriegelt wurde. Ein Mechanismus schwenkte sie dann zur Seite.

Die beiden Männer, die ihn an Bord seines Schiffes überfallen hatten, sprachen nicht mit ihm, gaben ihm kaum zu essen und erlaubten ihm nur zweimal am Tag, die Toilette zu benutzen.

Larry Hunt wurde von einem Schluchzen geschüttelt. Die Knickerbocker-Bande befand sich in größter Gefahr: Er hatte zugelassen, dass die vier Juniordetektive in die Hände von skrupellosen Gaunern gefallen waren.

Doch ihm war nicht klar, was wirklich im Gange war.

Wer sind diese Männer nur? Warum halten sie mich hier fest? Soll ich ihnen etwas sagen? Soll ich sie bitten, Axel, Lilo, Poppi und Dominik von der ‚Helena' zu holen und Mister Locker zu alarmieren? Diese Fragen hämmerten immer wieder durch den Kopf des Gefangenen.

Hunt blickte sich in seinem Gefängnis um. Die Grundfläche betrug vier mal drei Meter, die Höhe zwei Meter. Wo war er? Am Schwanken konnte er feststellen, dass er sich an Bord eines Schiffes befand. Aber welches Boot hatte Räume mit meterdicken Wänden?

„Neeeeeiiiinnnnn!", brüllte er und riss an seinen Fesseln. Ein stechender Schmerz zuckte durch seine Gelenke. Seine Stimme verhallte ungehört.

Das blaue Haus mit dem gepunkteten Dach war leer und unbewohnt. Es gab nur einen groben Holztisch und drei Stühle mit geflochtenen Sitzflächen, aber das war auch schon alles.

„Warten wir eben!", meinte Lilo.

Von Minute zu Minute stieg die Ungeduld der Knickerbocker.

„Bist du sicher, dass er zwei Uhr geschrieben hat?", fragte Axel.

„Absolut!", versicherte ihm Lieselotte.

„Wo bleibt er denn? Wir müssen doch mit ihm reden!", seufzte Poppi.

Um drei Uhr stand fest, dass Larry kaum noch auftauchen würde.

„Wir müssen zu Mrs Locker zurück. Hoffentlich sucht sie uns nicht schon überall!", sagte Lilo.

Dominik schüttelte ungläubig den Kopf. „Versteht ihr das? Larry ist doch Detektiv und weiß genau, wie wichtig Pünktlichkeit ist."

Die vier traten ins Freie.

„Wie ist er nur ausgerechnet auf dieses Haus gekommen?", wunderte sich Axel.

Mit schnellen Schritten liefen sie durch die engen Gassen. Die Läden waren überall geschlossen. Niemand wollte die Mittagshitze einlassen.

„Ich glaube, wir werden verfolgt!", flüsterte Lilo auf einmal.

„Das kann doch nicht sein!", keuchte Poppi ängstlich.

„Ich höre hinter uns immer wieder die gleichen Schritte. Wenn wir langsamer gehen, werden sie auch langsamer."

„Hast du jemanden gesehen?", wollte Axel wissen.

Lieselotte schüttelte den Kopf und beschleunigte nun das Tempo. Ihre Kumpel mussten dem Superhirn Recht geben. Hinter ihnen war eindeutig das Knirschen von Schuhen zu vernehmen. Der Unbekannte wurde auch schneller.

„Wir rennen jetzt los! Vielleicht verrät sich unser Verfolger!", raunte Lilo den anderen zu. Sie gab mit dem Kopf ein Zeichen und alle vier stürmten davon. Sie liefen eine steile Gasse hinunter und nahmen in letzter Sekunde die nächste Abzweigung nach links.

Axel warf einen kurzen Blick zurück und sah einen Mann mit einer verspiegelten Brille und einer Baseballkappe. Er trug ein weites blaues T-Shirt und weiße Hosen.

„Wir müssen den Typ abhängen!", schnaufte Dominik. Und obwohl er nicht der Sportlichste war, schaltete er in den nächsten Gang.

Die meisten Gassen waren um diese Zeit menschenleer. Nur drei getigerte Katzen ergriffen mit einem empörten Maunzen die Flucht, als die Knickerbocker-Bande herbeigesaust kam.

„Verdammt, wir haben uns verirrt!", stellte Lilo verärgert fest.

Axel hatte einen schrecklichen Gedanken. Vielleicht war der Verfolger der Mann aus dem Transporter, der die Pistole auf ihn gerichtet hatte. Der schwarze Bart war sicher nur aufgeklebt gewesen.

„Schneller, Leute, weg!", schrie er in panischer Angst. „Rennt! Rennt!"

Lilo übersah in der Aufregung eine Stufe und stürzte. Sie rammte dabei Dominik und beide gingen zu Boden.

Die Schritte des Verfolgers kamen näher.

Axel und Poppi zogen ihre Freunde unsanft hoch und rissen sie mit sich. Axel bemerkte eine offene Haustür. Er schubste Lilo, Poppi und Dominik ins Haus und zog die Tür hinter sich zu.

Die vier Freunde rangen nach Luft. Sie versuchten nicht allzu laut zu keuchen, damit der Mann sie nicht hörte, wenn er vorbeilief.

„Aaaaa!", schrie Dominik entsetzt auf. Etwas Weiches hatte seine nackten Beine berührt. Er blickte zu Boden und brummte: „Eine Katze!"

Er irrte. Vom anderen Ende des Ganges kamen mindestens zwanzig Katzen, die schnurrend und laut miauend um die Knickerbocker herumstrichen.

„Nicht jetzt!", schnaufte Lilo, als zwei Katzen auf ihren Rücken sprangen und sich mit ausgefahrenen Krallen an ihrem T-Shirt nach oben zogen.

Sogar Poppi, die mit Tieren sonst keine Probleme

hatte, konnte sich des Ansturms der Katzen nicht erwehren. Zwei Kätzchen hatten sich an die Beine ihrer Shorts gehängt und ein drittes kletterte bis zu ihrer Schulter.

Axel kämpfte gegen ein Kitzeln in der Nase an. Die Katzenhaare machten ihm zu schaffen.

Auf der Straße rannte jemand vorbei. Laut knallten die Sohlen auf den Stein.

Sofort verhielten sich die Knickerbocker völlig still.

Der Mann blieb stehen.

Axels Nase begann zu laufen. Er schniefte, aber das Kitzeln hörte nicht auf. Es wurde immer stärker.

Lilo biss die Zähne zusammen. Die Krallen der Katzen hatten sich tief in ihre Haut gebohrt.

„Bitte geh doch weiter!", flehte Dominik lautlos.

Aber der Mann bewegte sich nicht von der Stelle.

Lilos Schmerzen wurden unerträglich, Tränen liefen ihr über die Wangen.

Axel spürte, wie nun auch seine Augen brannten. Er bekam kaum noch Luft. Er reagierte auf die Katzenhaare allergisch. Seine Kehle war auf einmal wie zugeschnürt. Er hatte das Gefühl zu ersticken.

„Ich … ich halte es nicht mehr aus! Ich kann nicht mehr!", würgte er hervor und taumelte auf die Tür zu.

„Nicht!", zischten seine Freunde.

Bevor Axel die Tür öffnen konnte, hatte sie jemand von draußen aufgestoßen. Der Verfolger verstellte den vieren den einzigen Fluchtweg.

„Jetzt ist aber Schluss!", sagte er.

Rätsel um den Maulwurf

Dominik erkannte die Stimme sofort. „Fernando?",
fragte er ungläubig.

Der Mann nahm die Brille ab und Fernandos
strahlende Augen kamen zum Vorschein.

„Was soll das? Ich suche euch schon überall.
Wieso rennt ihr vor mir weg?", wollte er wissen.

„Wir … wir hatten Angst. Wir dachten … Sie …
Sie verfolgen uns!", stammelte Dominik.

Axel drängte sich an Fernando vorbei und stürzte
an die frische Luft. Er lehnte sich gegen eine Haus-
wand und versuchte flach zu atmen. Ihm war schon
ganz schlecht.

„Wir haben uns große Sorgen um euch gemacht", murrte Lockers Assistent und wartete ungeduldig, bis Axel wieder gehen konnte.

Nadine Locker saß noch immer in der schattigen
Laube. Vor ihr standen drei leere Gläser. Als sie die
Knickerbocker sah, winkte sie ihnen zu.

Fernando hielt die Bande an und sagte streng:
„Ihr wartet hier!" Dann wechselte er mit Mrs Locker ein paar Worte und kehrte wieder zu den Juniordetektiven zurück. „Ich bringe euch jetzt auf
das Schiff. Hier könnt ihr nicht bleiben. Schließlich

haben wir die Verantwortung für euch und können nicht zulassen, dass ihr einfach abhaut."

Die Juniordetektive wollten protestieren. Mrs Locker hatte schließlich von ihrem Spaziergang gewusst. Allerdings waren sie fast zwei Stunden weg gewesen. Ein bisschen konnten sie die Aufregung verstehen.

Im Ruderboot ging es zurück zur Jacht, auf der sie von Frau Rolanda bereits erwartet wurden. Über sein Handy hatte Fernando sie verständigt, dass er die vier Waisenkinder gefunden hatte.

„Was habt ihr euch dabei gedacht, einfach wegzulaufen?", schimpfte die Gouvernante los. Eine Strafpredigt folgte, die der Knickerbocker-Bande unendlich lange vorkam.

Am Abend war die „Helena" wieder bereit auszulaufen. Der Stopp war nötig gewesen, um Lebensmittel und Treibstoff an Bord zu nehmen.

Es war bereits Nacht, als Mister Locker sich in der Bibliothek ein Glas Whisky genehmigte. Es klopfte an der Tür und Fernando trat ein.

„Und?" Der Milliardär sah ihn fragend an.

„Ich stehe vor einem Rätsel, was den Maulwurf betrifft", begann sein Assistent verlegen.

„Das heißt, Sie haben ihn noch immer nicht identifiziert?", brauste sein Chef auf.

Fernando schwieg. Nachdem sich sein Boss wieder beruhigt hatte, fuhr er fort: „Die Unterkunft der Gouvernante und die Kabinen der Kinder wurden durchwählt. Ich habe angenommen, dass diese Vorfälle auf das Konto des Maulwurfs gehen."

„Und? So reden Sie schon!", drängte Locker.

Fernando musste wie ein Schuljunge vor dem Millionär strammstehen. Mit seinem Stolz war das nur schwer zu vertreten. Doch er beherrschte sich und berichtete von einigen Beobachtungen, die er gemacht hatte.

In der Zwischenzeit hatte sich jemand von draußen an das Fenster der Bibliothek herangepirscht. Es war fast jedes Wort zu verstehen, das die beiden Männer sprachen.

In dieser Nacht wurde ein grausamer Entschluss gefasst.

„Wieso hat uns Larry Hunt versetzt?", fragten sich die Knickerbocker immer wieder.

Lieselotte hatte ihm bereits eine weitere Nachricht geschickt, aber noch keine Antwort erhalten. Mittlerweile war es kurz vor Mitternacht.

Abermals fragte sie den Computer ab, ob eine Mitteilung eingegangen war.

Das Briefsymbol blinkte auf. Lilo drückte ein paar Tasten und las die Botschaft vor: „Tut mir

Leid, dass ich euch versetzt habe. Konnte aber nicht an Land gehen. Es wäre zu auffällig gewesen. Bitte unternehmt nichts Unüberlegtes und passt gut auf! Larry."

„Na ja, wenigstens wissen wir, dass er in unserer Nähe ist, das ist das Wichtigste!", seufzte Lieselotte erleichtert.

Später machte sich das Superhirn große Vorwürfe, dass es etwas Wichtiges an dieser E-Mail übersehen hatte. Der Bande hätte schon längst dämmern müssen, dass die E-Mails gar nicht von Larry kamen.

Der nächste Tag war noch heißer als die vorangegangenen. Es war unmöglich, sich in der Sonne aufzuhalten. Müde lagen die Knickerbocker im Schatten.

Kurz vor Mittag tauchte ein Fischkutter am Horizont auf und tuckerte bald auf gleicher Höhe mit der „Helena" dahin.

Die beiden Fischer trugen Kappen und Sonnenbrillen. Sie winkten der Mannschaft der „Helena" zu und riefen ein paar griechische Worte. Sie bekamen eine Antwort und lachten derb.

Die Bande bemerkte den Kutter erst, als er schon wieder abdrehte. Die vier Freunde standen an der Reling und sahen dem dunkelblauen Boot mit dem breiten weißorangefarbenen Streifen nach. Es hatte zweifellos schon bessere Tage gesehen. Der Lack war an vielen Stellen ausgebessert. Sie ahnten nicht, wie aufwändig der Kutter ausgestattet war: Die modernste technische Ausrüstung stand bereit.

„Das Schiff liegt ganz schön tief im Wasser", stellte Axel nachdenklich fest. „Muss wohl ein guter Fang gewesen sein."

Der Grund für den Tiefgang war allerdings eine Metallkammer, die das Herz des Kutters darstellte. Und in ihr lag Larry Hunt …

Die Hitze machte alle schläfrig. Der Professor und Xerxes hatten sich noch überhaupt nicht blicken lassen. Mister Locker und seine Frau bevorzugten ebenfalls ihre angenehm klimatisierte Kabine. Der größte Teil der Mannschaft verschlief die heißeste Zeit des Tages, in der ohnehin kaum etwas zu tun war.

Die See wurde wieder rauer und die „Helena" begann zu schaukeln.

Axel machte einen Vorschlag: „Wir legen uns in ein Rettungsboot. Das hängt an Seilen und gleicht das Auf und Ab aus."

Die Knickerbocker nahmen zwei Sonnenschirme mit und machten es sich in einem Rettungsboot bequem. Hier bekamen sie vom Schwanken des Schiffes kaum noch etwas mit.

Bald waren Poppi, Dominik, Lilo und Axel eingeschlafen. Dominik wurde als Erster wieder wach. Er hatte Mühe, die Augen zu öffnen. Seine Lider waren schwer wie Blei.

Die Sonne stand nicht mehr so hoch und die Hitze hatte etwas nachgelassen. Das Rettungsboot schaukelte stark.

Stöhnend richtete sich der Junge auf. Als er sich umblickte, verschlug es ihm den Atem: Das Boot befand sich mitten auf offener See. Von der „Helena" war weit und breit keine Spur zu sehen.

„Axel! Poppi! Lilo!", krächzte Dominik.

Seine Freunde lagen wie tot auf dem Boden des Bootes, das sich nach und nach mit Wasser füllte. Er rüttelte sie an der Schulter, schrie sie an und spritzte ihnen Wasser ins Gesicht.

Nur Lilo wurde wach. „Mir tut mein Kopf so wahnsinnig weh", stöhnte sie.

Dominik zitterte am ganzen Körper.

„Wir ... wir sind auf dem Meer ... in dieser Nussschale ... die noch dazu ein Loch hat!"

Lieselotte rieb sich die Augen. „Oh nein, wie ... wie ist das möglich?", stotterte sie fassungslos.

Dominik begann mit den hohlen Händen Wasser aus dem Bootsrumpf zu schöpfen, gab aber schnell wieder auf. Es hatte keinen Sinn. Er würde es nie schaffen, das Boot leer zu bekommen.

Lilo schlug Axel und Poppi mit der Hand gegen die Wangen und rief ihre Namen. Dann beugte sie sich vor und roch an den Gesichtern der beiden. „Komm einmal her!", sagte sie zu Dominik, um auch an seinem Gesicht zu schnuppern.

„Was soll das?" Dominik rümpfte die Nase.

„Wir sind betäubt worden. Jemand muss uns etwas ins Gesicht gesprüht haben, während wir geschlafen haben."

„Du meinst … ?", stammelte Dominik.

„Ja, das meine ich!", keuchte Lieselotte.

„Aber wer hat das getan?", fragte Dominik.

„Egal, wir haben jetzt andere Sorgen. Wir müssen das Loch finden und es irgendwie abdichten, sonst sinken wir!"

Lieselotte und Dominik tasteten den Bootsrumpf ab. Sie ließen keinen Zentimeter aus, fanden aber nichts.

Erst jetzt bemerkten sie, dass die Sonnenschirme fehlten. Die Nachmittagssonne brannte unerbittlich auf sie nieder. Beide Knickerbocker hatten großen Durst, aber es gab nichts zu trinken.

Wenn nicht bald ein Schiff auftauchte, würden sie entweder ertrinken oder verdursten.

„Halte nach einem Schiff Ausschau! Wenn eines kommt, müssen wir mit etwas winken", meinte Lieselotte.

„Womit denn? Wir haben doch nur unsere Badesachen an. Ich ziehe meine Hose bestimmt nicht aus!", sagte Dominik trotzig.

Die Knickerbocker hatten bereits einen Sonnenbrand. Ihre Haut war knallrot und spannte.

Lieselotte durchsuchte das Boot, aber es war vollkommen leer. Sogar die Ruder waren herausgenommen worden.

Da meinte es jemand verdammt ernst.

„Dann müssen wir eben schöpfen. Wir müssen das Wasser aus dem Boot bekommen. Los, mach mit!", entschied Lieselotte.

Aber Dominik starrte mit weit aufgerissenen Augen ins Meer.

Haiangriff

Nur einen Steinwurf entfernt, pflügte eine drei-
eckige Flosse durch das Wasser.

„Ein Hai!", keuchte Dominik. „Uns greift ein
Hai an!"

„Reg dich ab!", schrie Lieselotte, der ebenfalls
die Nerven durchgingen.

„Brüll mich nicht an!", kreischte Dominik.

Haie greifen Menschen nicht zum Spaß an. Sie
tun es nur, wenn sie sie für Beute halten. Haie sind
keine blutrünstigen Killerbestien, wie es in Filmen
immer gezeigt wird!", erklärte Lilo. Sie redete immer weiter und versuchte damit sowohl Dominik
als auch sich selbst zu beruhigen.

„Aber was macht er dann da?", krächzte Dominik.

Axel und Poppi kamen langsam zu sich. Als sie
verstanden, was geschehen war, waren sie genauso
entsetzt wie ihre Freunde.

Sie beobachteten die Haifischflosse, die große
Kreise um das Boot zog.

„Er wird uns rammen. Wir werden über Bord gehen und dann wird er uns zerfleischen!", jammerte
Dominik verzweifelt.

Axel knurrte wütend und zischte mit zusammengebissenen Zähnen: „Hör endlich mit diesem Gefasel auf!"

„Aber es ist wahr. Seht doch den Tatsachen ins Auge!", heulte Dominik.

„Und du rede nicht so geschwollen!", brummte Lilo.

„Der Hai braucht uns gar nicht anzugreifen, wir werden ihm ohnehin serviert! Wir sinken nämlich!", sagte Axel bitter. Er versuchte damit die Angst zu überspielen, die ihn eiskalt umfing.

„Wir haben das verdammte Leck noch immer nicht gefunden. Wo kann es nur sein?", fragte Lieselotte und tauchte die Arme wieder ins Wasser. Ihre Kumpel schöpften wie wild, ließen aber dabei den Hai keinen Moment aus den Augen.

„Ich verstehe nicht, was ihn angelockt hat", murmelte Poppi. „Haie wittern einen Tropfen Blut aus einigen Kilometern Entfernung – aber doch kein leckes Boot!"

„Dieser hier schon!", schluchzte Dominik.

Trotz aller Bemühungen stieg das Wasser im Boot immer höher. „Ich kann die undichte Stelle einfach nicht finden!", gestand Lilo verzweifelt.

„Seht euch das an!", schrie Axel. Er griff nach einer Leine, die über Bord hing, und zog daran. Aus den Fluten tauchte ein Tierknochen auf, an dem blutige Fleischreste hingen.

„Auf den ist der Hai also scharf!", rief Poppi.

Lilo wurde übel. Jemand hatte alles geplant. Sie sollten unter keinen Umständen überleben.

„Was machen wir damit?", fragte Axel und zeigte auf den Knochen.

„Schleudere ihn weit weg! Vielleicht gibt sich der Hai damit zufrieden!", meinte Lilo hoffhungsvoll.

Axel stand auf, holte aus und warf den Köder mit aller Kraft seitlich ins Meer. Der Schwung war jedoch so groß, dass er das Gleichgewicht verlor und über Bord ging. Und im nächsten Moment kenterte das Boot und trieb ab.

Keuchend und prustend tauchten die vier auf und hielten angsterfüllt nach dem Hai Ausschau.

Ein lautes Zischen und Tosen zeigte ihnen an, dass sich der Hai gerade auf den Knochen stürzte und ihn zermalmte.

„Schwimm weg, bitte schwimm weg!", schrie Dominik. Er schluckte Wasser und musste schrecklich husten. Er würgte und spuckte und hielt sich in seiner Verzweiflung an Axel fest.

„Nicht, lass mich los!", protestierte Axel verzweifelt und verschwand zwischen den Wellen. Er kämpfte sich nach oben, aber Dominik drückte ihn, ohne es zu wollen, wieder nach unten. Axel wehrte sich und riss Dominik an den Haaren. Dieser schien das gar nicht zu spüren.

Der Hai kam neugierig näher. Dominik bemerkte das und wurde noch panischer.

Es war Poppi, die diesmal die Nerven bewahrte.

„Schlagt um euch, tretet nach allen Seiten und macht so viel Lärm wie möglich!", rief sie ihren Freunden zu.

Lilo packte Dominik von hinten und schlang ihm einen Arm um die Brust. So konnte sich Axel endlich befreien.

„Lärm machen, los!", drängte Poppi.

Die vier tobten, schrien, schlugen um sich und strampelten wie wild.

„Hängt euch ein, Beine nach außen! Wir bilden einen Ring! Und tretet, so fest ihr könnt!", ordnete Poppi an.

Das Wasser schäumte und spritzte.

Das graue, glänzende Dreieck drehte ab, und sie atmeten auf. Dann aber schien es sich der Hai anders überlegt zu haben. Er schwamm eine Kurve und steuerte die vier wieder an.

„Treten, fest treten!", brüllte Poppi.

Das aufgerissene Maul des Hais tauchte aus dem Wasser auf. Die langen Reihen nadelspitzer, rasierklingenscharfer Zähne waren deutlich zu sehen.

Und dann schnappte der Hai zu.

Wir sind verloren!

Der Raubfisch hatte einen Fleischbrocken gepackt, der im Wasser dahingeschaukelt war. Keiner der vier Freunde hatte ihn bemerkt. Nur der Hai hatte ihn mit seiner feinen Nase gewittert und ihn sich unter keinen Umständen entgehen lassen wollen.

Die vier Knickerbocker rangen nach Luft. Sie waren so geschockt, dass sie mit dem Wassertreten aufgehört hatten. Wie gelähmt hatten sie darauf gewartet, angegriffen zu werden.

„Hilfe!", keuchte Dominik.

Der Hai näherte sich ihnen nämlich schon wieder. Schließlich verschwand die Flosse in den Wellen und der Hai tauchte ab.

„Nein! Nein!", wimmerte Dominik und starrte ins Wasser. Er rechnete damit, jeden Augenblick angegriffen zu werden.

Axel, Lilo, Poppi und Dominik starrten in das tiefe Blau des Meeres.

Die Zeit schien stillzustehen.

Poppi wagte es als Erste etwas zu sagen: „Ich glaube … er ist weg …"

Die Knickerbocker lösten sich nun voneinander und versuchten sich, so gut es ging, über Wasser zu halten. Der Schock und die ausgestandene Angst hatten sie geschwächt. Ihre Beine schienen sie wie tonnenschwere Gewichte in die Tiefe zu ziehen.

„Strengt euch so wenig wie möglich an! Wir müssen unsere Kräfte schonen!", keuchte Lieselotte.

„Mir ist so kalt!", jammerte Poppi.

„Wir geben nicht auf! Bald kommt ein Schiff und nimmt uns auf. Wir werden sicher gerettet!", beruhigte Lilo ihre Freundin. Sie glaubte zwar selbst nicht daran, aber ihr Vater, der Bergführer war, hatte oft erzählt, wie wichtig es war, sich in schwierigen Situationen Mut zuzusprechen.

„Wir werden durchhalten. Und man wird uns retten!", rief Lilo.

„Man wird uns retten! Gleich wird ein Schiff kommen!", stimmten die anderen ein.

Die Sonne bewegte sich unaufhaltsam dem Horizont entgegen. Sie verfärbte sich von Grellweiß über Hellgelb zu Orangerot. Die Brise war zu einem kräftigen Wind angewachsen, der die Wellen aufpeitschte. Eine stürmische Nacht stand bevor.

„Ich ... ich kann nicht mehr!", stöhnte Dominik.

„Durchhalten, du schaffst es!", versuchte ihn Lilo aufzumuntern.

„Ich ... ich spüre meine Arme nicht mehr. Ich ... bin schon ganz kalt", gestand Axel. Seine Stimme klang schwach und sehr müde.

Auch Lieselotte hätte am liebsten aufgehört zu schwimmen. Auch ihre Arme waren fürchterlich schwer.

„Es hat keinen Sinn, wir werden ertrinken!“, krächzte Dominik.

„Nein, sag das nicht! Sag das nie wieder!“, japste Poppi, die aber auch spürte, wie sie ihre Kräfte langsam verließen.

Den Juniordetektiven kam niemand zu Hilfe. Sie konnten auch nirgendwo hinschwimmen, um sich in Sicherheit zu bringen. Es war aussichtslos. Sie waren verloren.

Die Sonne ging unter und es dämmerte.

Das Brausen des Windes wurde immer lauter. Salzwasser spritzte ihnen ins Gesicht. Es brannte wie Feuer.

Über ihren Köpfen kreischte eine Möwe. Dann noch eine und schließlich noch eine.

„Aasgeier ... seht nur! Die warten schon auf uns!“, stöhnte Axel.

„Blödmann, das sind Möwen!“, schnauzte Lieselotte ihn an.

Poppi horchte auf: „Möwen? Möwen halten sich doch nur in der Nähe von Küsten oder Schiffen auf.“

Land war weit und breit keines in Sicht.

„Macht die Augen auf!“, rief Lieselotte aufgeregt. „Es muss ein Schiff in der Nähe sein. Es muss, es muss, es muss!"

Dominik sah es als Erster. Es pflügte langsam durch das Wasser und zwei Suchscheinwerfer tasteten die Wellen ab.

„Wir sind hier!", schrie Lieselotte und musste gleich darauf husten. „Los, winkt, winkt!", befahl sie ächzend.

„Hallo, Hilfe! SOS! Help! Hier sind wir. Hier!", brüllten die Knickerbocker mit letzter Kraft. Ein Scheinwerferstrahl traf und blendete sie. Der Motor des Schiffes wurde abgestellt.

„Das ist die ‚Helena'!", jubelte Poppi.

Die letzten Sekunden im Wasser waren die schlimmsten. Sie schienen nicht zu vergehen. Die Kräfte der vier Abenteurer waren restlos erschöpft.

Endlich spürten sie, wie starke Hände nach ihnen griffen und sie hochzogen. Flauschige Handtücher wurden um sie geschlungen, und gleichzeitig redeten viele Stimmen beruhigend auf sie ein.

Die Gesichter, die Lichter und die Stimmen verschmolzen bald zu einem Strudel, der sie verschlang. Sie sanken völlig entkräftet in einen tiefen Schlaf.

Die Knickerbocker erwachten nicht in ihren kleinen Kabinen im untersten Deck, sondern in einem großen Raum mit Fenstern, durch die sie auf das offene Meer hinaussahen. Es gab ein breites Bett, in dem Poppi und Lilo lagen, und zwei Sofas, auf denen für die Jungen Lager gerichtet worden waren.

Staunend betrachteten die vier die Bilder an den Wänden. Einige waren sogar mit „Picasso" signiert.

Durch die Tür kam Mrs Locker und lächelte. „Willkommen in unserer Gästekabine", sagte sie. „Ich hoffe, sie gefällt euch. Ich muss mich wirklich entschuldigen, dass ich mich nicht schon viel früher um euch gekümmert habe. Aber ich war sauer, weil ich Seereisen hasse. Na ja, meinem Mann kann ich anscheinend bestimmte Dinge nicht überlassen."

Eine Wolke von feinem Parfüm umschwebte die Frau, als sie sich auf die Bettkante setzte.

„Wer hat uns umbringen wollen? Wer hat das Boot angebohrt und mit einem Fleischbrocken versehen?", wollte Lieselotte sofort wissen.

Nadine Locker wirkte äußerst betroffen.

„Bitte erzählt niemandem davon! Die Presse würde sofort Wind bekommen und meinen Mann fertig machen!"

„Wer war es?", wiederholte Lieselotte ihre Frage. „Wer kann so gemein und hinterhältig sein?"

Die Antwort ließ die vier zurück in die Kissen sinken.

Die Schlangenpflanze

Nadine Locker sah die vier Freunde besorgt an. „Ich hatte befürchtet, die Nachricht würde euch sehr treffen. Ihr hattet doch schon ein wenig Freundschaft mit ihr geschlossen, nicht wahr?"

Lieselotte runzelte die Stirn und meinte: „Freundschaft nicht gerade. Aber trotzdem …"

„Frau Rolanda hat also das Boot angebohrt, einen Köder daran befestigt und uns ausgesetzt? Wieso hat sie das bloß getan?", fragte Poppi verwundert.

Die Frau des Milliardärs zuckte mit den Schultern. „Mein Mann weiß es auch nicht. Ein Küchenjunge hat sich an Deck die Beine vertreten und sie beobachtet, wie sie das Rettungsboot zu Wasser gelassen hat. Er dachte, sie hat einen Scherz mit euch vor. Ein paar Stunden später ist dann unserem Burschen für alles, Bobby, aufgefallen, dass ihr nirgendwo mehr anzutreffen wart. Die Gouvernante hat behauptet, euch das letzte Mal in eurem Zimmer gesehen zu haben. Die Nachricht über euer Verschwinden hat sich an Bord wie ein Lauffeuer verbreitet. Der Küchenjunge hat sich daraufhin beim Assistenten meines Gatten gemeldet und berichtet, was er mitbekommen hatte."

„Und dann?", wollte Axel wissen. „Was ist dann geschehen?"

„Dann hat der Kapitän gewendet. Zum Glück versteht er sein Handwerk und scheint keinen Zentimeter vom Kurs abgekommen zu sein. Sonst hätten wir euch im Halbdunkel auf dem offenen Meer bestimmt nicht gefunden!", seufzte Mrs Locker.

Die vier Freunde waren trotz des ausgiebigen Schlafs noch völlig erschöpft. Ihre Arme und Beine schmerzten bei jeder Bewegung.

„Wasser kann ich so bald keines mehr sehen", verkündete Axel.

Dominik rümpfte die Nase. „Wäre aber nicht schlecht, wenn du damit in Berührung kommst. Du stinkst nämlich."

Lieselotte hatte noch eine Frage: „Wo ist Frau Rolanda jetzt?"

„Ich hoffe, sie wurde selbst an die Haie verfüttert!", knurrte Axel. „Und dieses besserwisserische Großmaul können sie gleich als Nachtisch dazugeben." Er deutete mit dem ausgestreckten Finger auf Dominik.

„Ich werde bestimmt kein Haiopfer!", rief Dominik, und es klang, als würde er alle Selbstverteidigungsarten der Welt beherrschen.

„Klar, so etwas wie dich spuckt ein Hai sofort wieder aus. Stück für Stück!", stichelte Axel.

Nadine Locker lächelte nachsichtig. „Wir haben die ehemalige Gouvernante auf dem Unterdeck eingesperrt. Sobald wir den nächsten Hafen anlaufen, wird sie der Polizei übergeben."

„Aber wieso hat sie das getan? Kann mir das einer erklären?", setzte Poppi zu einem neuen Versuch an.

„Vielleicht ist sie verrückt. Vielleicht hasst sie Kinder. Solche Menschen gibt es!", meinte ihre Gastgeberin. Dann zwinkerte sie den vieren zu und versprach: „Ab jetzt kümmere ich mich um euch!"

Sie ließ die Juniordetektive allein, damit sie sich duschen und anziehen konnten. Ihre Klamotten waren bereits in die Schränke geräumt worden.

Lilo starrte finster zum Fenster hinaus: „Frau Rolanda ist nicht verrückt. Da steckt etwas anderes dahinter …"

Nach einer ausgiebigen Mahlzeit fühlten sich die Knickerbocker etwas besser. Ihre Bäuche waren ordentlich voll, als sie endlich das Besteck aus der Hand legten und sich zurücklehnten.

Sie mussten nun nicht mehr neben der Küche essen, sondern durften im Speisesalon sitzen. Mrs Locker hatte ihnen Gesellschaft geleistet.

Durch die Fenster sah Poppi, wie Professor Bock in seinem seltsam wippenden Gang herbeilief.

„Xerxes … er ist … ich weiß nicht, was er hat … Hilfe!", rief er.

Die Knickerbocker-Bande sprang auf und stürzte ins Freie. Sie fanden die Mumiengestalt auf dem Hinterdeck, wo sie sich auf dem Boden in Krämpfen wand. Xerxes' beinahe kahler Kopf schien grünlich zu schimmern, das Gesicht war zu einer grässlichen Fratze verzogen. Die Augen hatte er geschlossen. Schaurige Laute drangen aus seinem lippenlosen Mund. Es war ein Krächzen und Keuchen, ein Grunzen und Stöhnen, als würde er unter schrecklichen Schmerzen leiden.

Professor Bock kniete neben ihm nieder und rang die Hände. „Xerxes, so sagen Sie doch bitte etwas! Was können wir für Sie tun? Was haben Sie?"

Der Mann, dessen Vorfahren aus Atlantis stammten, gab keine Antwort. Er schien den Forscher gar nicht zu hören.

„Er hält den Stein in den Händen", stellte Poppi fest. „Vielleicht ist er an den Schmerzen schuld!"

Vorsichtig versuchte Professor Bock die Finger des Mannes zu lösen, erntete dafür aber nur ein wütendes Fauchen.

Die halbe Mannschaft war herbeigeeilt und stand ratlos da.

Xerxes stieß auf einmal den Wissenschaftler zur Seite und sprang auf. Er öffnete den Mund, als müsse er sich übergeben. Nach langem Würgen begann aus seinem Mund eine Pflanze hervorzuwachsen.

Fassungslos verfolgten die Knickerbocker, die Lockers, der Professor, Fernando und einige Matrosen, wie die Ranke immer länger wurde. Blätter entfalteten sich, und bald wand sich die Pflanze wie eine Schlange um den faltigen Hals des Sehers. Die Schlinge zog sich zu. Mit beiden Händen versuchte sich Xerxes zu befreien, doch es gelang ihm nicht. Weit traten seine Augen aus den Höhlen und sein Gesicht schwoll an.

Wieder wollte ihm der Professor zu Hilfe kommen, aber Xerxes stieß ihn zur Seite. Er würgte und spuckte das Ende der Pflanze heraus, die sich bewegte, als wäre sie lebendig. Die beiden Enden bäumten sich auf und begannen auf Xerxes einzuschlagen. Der Seher öffnete den Mund und stieß Wörter in der geheimnisvollen unbekannten Sprache aus, welche die Knickerbocker schon einmal vernommen hatten. Handelte es sich um eine Beschwörungsformel?

Xerxes gab den Umstehenden ein Zeichen zurückzuweichen und Platz zu machen. Alle taumelten entsetzt an die Reling.

Ein gellender Schrei ertönte, und im nächsten Augenblick schossen aus den Ritzen der Deckplan-

ken Feuerwände empor. Es waren grellrote und gelbe Flammen, die mehrere Meter hochschlugen. Xerxes schien keine Chance zu haben.

Die Seeleute schrien auf und stürzten davon, um Feuerlöscher zu holen.

Die Flammen verloschen aber genauso schnell, wie sie aufgelodert waren. Nur dünne schwarze Linien erinnerten daran, wo es gebrannt hatte. Das Deck war praktisch unversehrt.

Rückkehr
nach Atlantis

Xerxes war verschwunden. Die Stelle, wo er gestanden hatte, war leer. Nur der Stein erinnerte an ihn.

Eine Minute lang sagte keiner ein Wort. Der Professor war der Erste, der den Mund aufmachte und tonlos flüsterte: „Wo … wo ist er hin? Wie … wie ist das möglich?"

Der Stein aus Atlantis begann wieder sein pulsierendes Licht auszustrahlen. Doch diesmal leuchtete er purpurrot. Das vordere spitze Ende drehte sich zuerst langsam und dann immer schneller im Kreis. Der Stein rotierte um die eigene Achse und begann Funken zu sprühen. Rauch quoll aus ihm heraus, und die Leute wichen ängstlich zurück.

Keine Sekunde zu früh! Es gab einen Knall und eine meterhohe Feuersäule jagte in die Luft. Dann war auch der Stein verschwunden.

Professor Bock kniete neben dem verkohlten Fleck, den der Stein hinterlassen hatte, nieder und tastete mit den Fingerspitzen vorsichtig die Stelle ab. Er hatte Tränen in den Augen. Sein ganzer Körper wurde von einem Schluchzen geschüttelt. Nach einer Weile sagte er schließlich: „Xerxes ist … ist …

zu seinen Vorfahren heimgekehrt. Sein größter Wunsch hat sich erfüllt. Wenn wir allein waren, hat er mir oft davon erzählt, dass er nach Atlantis zurückkehren wolle. Doch das sei nur möglich, wenn wir genau die Stelle erreichen, an der Atlantis einst versunken ist. Ich glaube, die Pflanze hat ihm gezeigt, dass er am Ziel seiner langen Reise angelangt war. Seine Gedankenkraft hat es ihm erlaubt, sich seinen größten Wunsch wahr werden zu lassen."

„Wir stoppen die Maschinen und gehen vor Anker!", lautete Mister Lockers Kommando.

Noch immer schluchzend, verschwand der Professor unter Deck.

Die Seeleute blickten ungläubig zu der Stelle, wo vor wenigen Minuten noch der geheimnisvolle Mann gestanden hatte. So etwas hatte noch keiner erlebt.

Auf Dominiks Stirn zeichnete sich eine dicke Falte ab. „Hmmm!", meinte er.

„Was ist?", wollte Lilo wissen.

„Ich ... ich möchte gerne mit Mister Locker sprechen", begann ihr Kumpel.

„Warum?" Seine Freunde bestürmten ihn mit Fragen. Es war klar, dass Dominik irgendetwas entdeckt haben musste.

„Oder nein, ich ... ich will darüber lieber noch ein bisschen nachdenken!", sagte er.

Lilo, Axel und Poppi waren enttäuscht.

Lieselotte beschloss Larry Hunt von den Vorfällen zu verständigen. Bestimmt war er schon sehr beunruhigt, weil sie sich schon so lange nicht gemeldet hatten.

„Eigentlich hätte er an Bord kommen und nach uns suchen können!", dachte Lilo. Außerdem hätte er uns im Rettungsboot entdecken müssen. Er folgt doch der ‚Helena' auf gleichem Kurs im Abstand von ein paar Meilen. Wieso hat er nichts unternommen?"

Lieselottes Herz begann schneller zu schlagen. Sie lief hinunter zu ihren alten Kabinen, um Laptop und Handy aus dem Versteck zu holen. Als sie die Tür öffnete, prallte sie zurück.

Die Kabine war völlig ausgeräumt worden. Es gab weder Betten noch Schränke; der Fußboden war ebenso herausgerissen worden wie die Deckenverkleidung. Computer und Handy waren verschwunden.

Lieselotte wirbelte herum und riss die Tür zur ehemaligen Kajüte von Frau Rolanda auf. Dort sah es genauso aus. Wie betäubt taumelte sie wieder nach oben.

Auf dem oberen Kabinendeck war leises Schluchzen zu hören. Die Tür zur Kajüte von Professor Bock war nur angelehnt. Durch einen schmalen

Spalt konnte sie den Forscher auf seinem Bett kauern sehen, das Gesicht in die Hände gestützt. Sie klopfte und der Wissenschaftler blickte auf.

„Ja bitte?"

„Darf ich reinkommen?", erkundigte sich Lieselotte.

„Ach, du bist es, Lilo. Jaja, komm nur herein!", sagte der Professor heiser.

Verlegen stand das Mädchen vor ihm und trat von einem Fuß auf den anderen. Sein gerötetes, tränenverschmiertes Gesicht irritierte sie. „Kann ich vielleicht ... etwas für Sie tun?"

Der Forscher schüttelte den Kopf „Danke, sehr lieb, dass du fragst. Es mag sehr seltsam klingen, aber ich ... ich weine nicht aus Verzweiflung. Ich weine aus Freude."

„Wie bitte?" In Lieselottes Ohren klang das höchst merkwürdig. Schließlich war doch gerade ein Mensch spurlos verschwunden.

Professor Bock schien ihre Gedanken lesen zu können und meinte: „Ich bin sehr traurig, dass Xerxes nicht mehr bei uns ist. Doch ich weiß, dass er an einem besseren Ort ist, an einem Ort, an dem er immer sein wollte. Ich bin aber auch glücklich, dass er mich hierher geführt hat, wo ich Atlantis finden werde. Endlich kann ich der Menschheit beweisen, dass ich nicht verrückt bin. Ich werde den versunkenen Kontinent zu neuem Leben erwecken und die vergessenen Weisheiten von Atlantis den Menschen von heute zugänglich machen. Endlich leiste auch ich etwas – endlich!"

Lilo kniff die Augen zusammen. „Aber Sie haben doch schon so viel geschafft", protestierte das Superhirn. „Der Yeti, der Bigfoot, die Neandertaler …"

Professor Bock bekam feuerrote Ohren. Bei Axel war das immer ein Zeichen, dass er schwindelte. Verlegen stotterte der Forscher: „Ich … also … der Tresor … dir kann ich es ja sagen, du bist nur ein Kind … also der Tresor … ist leer!"

Lieselotte starrte den alten Mann verdutzt an.

„Ich … alle meine Projekte waren Fehlschläge, aber ich wollte es nicht zugeben, und deshalb habe ich mir die Geschichte mit dem Tresor ausgedacht, der erst nach meinem Tod die großen Geheimnisse preisgeben soll. Es ist nichts drinnen. Bestimmt hältst du mich jetzt für einen großen Versager."

Schnell wechselte der Wissenschaftler das Thema. „Noch heute soll die erste Tauchfahrt stattfinden. Ich kann es kaum erwarten, die ersten Bilder zu sehen, die der Tauchroboter in der Tiefe machen wird. Die ersten Bilder von Atlantis!"

„Aber Xerxes … ich meine … er kann doch nicht dort unten sein, oder?", fragte Lieselotte.

„Xerxes hat mir immer gesagt, dass Atlantis noch immer lebt, auch wenn es versunken ist", erklärte Professor Bock.

„Liegt es unter einer großen Glasglocke?", erkundigte sich Lilo verdutzt.

„Bald kennen wir die Antwort!", versprach ihr der Wissenschaftler. Dann schob er sie zur Tür hinaus und sperrte hinter ihr ab.

Verwirrt stieg Lilo die Treppe hoch und trat ins Freie. Ihr fiel wieder ein, was ihr vorhin klar geworden war. Sie musste sofort mit ihren Freunden darüber sprechen. Bestimmt würden sie genauso entsetzt reagieren wie sie.

Entsetzliche
Entdeckungen

„Sag das noch einmal!", forderte Axel seine Freundin Lilo auf. Er starrte sie fassungslos an.

Die Knickerbocker-Bande hatte sich zu einer geheimen Besprechung in die Bibliothek zurückgezogen. Dort war es angenehm kühl und durch die Fenster konnten sie sofort sehen, wenn jemand kam.

„Erinnert ihr euch an die E-Mail, in der uns Larry das Treffen auf Santorin angekündigt hat?", fragte Lieselotte.

Allgemeines Nicken.

„Normalerweise waren seine Briefe immer lang, ausführlich und besonders freundlich. Auf einmal aber war er kurz angebunden und so unpersönlich!"

Jetzt, wo sie es sagte, fiel es auch den anderen auf.

„Nachdem wir das blaue Haus aufgesucht hatten, änderte sich der Ton plötzlich wieder. Er hat die Nachricht auch an mehrere Personen gerichtet", fuhr die Anführerin der Bande fort.

Dominik verstand, worauf Lilo hinauswollte: „Larry muss etwas zugestoßen sein. Die Antworten auf unsere Schreiben stammen nicht von ihm. Jemand wollte nur herausfinden, wer wir sind."

„Genau! An unserer E-Mail-Adresse ist das ja nicht zu erkennen. Sie lautet DALP, ein Fantasiename aus unseren Anfangsbuchstaben!", ergänzte Lilo.

Axel atmete tief durch. „Das heißt, man hat uns nur in das Haus gelockt, um zu sehen, wer sich hinter DALP verbirgt."

Poppi machte sich große Sorgen um Larry Hunt. „Was ist bloß mit ihm geschehen?", fragte sie immer wieder.

Lilo hatte einen Verdacht. „Na ja", begann sie, „er scheint jemandem in die Hände gefallen zu sein, der etwas mit dieser Reise und der Suche nach Atlantis zu tun hat. Es kann nur jemand sein, der nicht zur Gruppe gehört, aber wild auf die Schätze ist."

„Und wo ist dieser jemand?", wollte Dominik wissen. „Vielleicht sogar an Bord?"

Lilo kaute an ihrer Unterlippe. „Ich glaube, ja. Das Treffen in Santorin konnte nur jemand vorschlagen, der wusste, dass die ‚Helena' dort anlegen würde."

„Oder einen Komplizen hier hat!", warf Poppi ein.

„Stimmt!", gab ihr Lieselotte Recht.

„Wir müssen das alles Mister Locker erzählen",
schlug Dominik vor.

„Gehen wir gemeinsam?", fragte Axel.

„Nein, besser nur zu zweit. Dominik und Poppi,
ihr bleibt hier! Okay?", schlug Lilo vor.

Die beiden jüngeren Mitglieder der Bande maul-
ten.

„Es hat nichts mit eurem Alter zu tun", beruhigte
Lieselotte sie, „es geht nur darum, ihn nicht zu
überfallen." In Wirklichkeit versprach sie sich tatsächlich mehr davon, wenn die beiden Älteren mit
dem Milliardär sprachen. Vielleicht würde er sie
eher ernst nehmen.

Lilo und Axel machten sich auf die Suche nach
dem Besitzer der Jacht. Poppi und Dominik holten
sich aus dem versteckten Eisschrank Getränke.

„Mist, ich wollte Lilo noch etwas erzählen" , fiel
Dominik jetzt ein.

„Was denn?", fragte Poppi neugierig.

„Also, wie du weißt, habe ich schon öfter als
Schauspieler am Theater gearbeitet."

Poppi verzog ihr Gesicht. „Jajaja, bitte mach es
kurz!"

Beleidigt übersprang Dominik die Einleitung und
kam zur Sache.

„Das müssen wir sofort Lieselotte erzählen!",
rief Poppi, als er mit seinem Bericht fertig war.

Doch ihre beiden Freunde waren nirgendwo zu finden.

Axel und Lieselotte hatten sich auf der Kommandobrücke nach Mister Locker erkundigt. Der Kapitän, ein drahtiger Mann mit sonnengebräuntem Gesicht und sehr hellblonden Haaren, wusste aber nicht, wo er sich aufhielt.

„Was tun Sie da gerade?", fragte Axel.

Der Kapitän stand über eine ausgebreitete Seekarte gebeugt und zeichnete darauf Linien ein.

„Ich markiere unsere Position."

„Und woher wissen Sie, wo wir genau sind? Rund um uns ist doch nur Wasser!", sagte Axel.

Der Kapitän zeigte auf ein Gerät mit einer Anzeige, auf der grüne Zahlen leuchteten. „Früher mussten sich die Seefahrer an den Sternen orientieren. Heute erledigt alles der Computer, der mit Hilfe der Funksignale, die er von den verschiedenen Häfen empfängt, die genauen Koordinaten errechnet."

„Komm schon, das kannst du dir alles später ansehen", drängte Lieselotte.

Auch Mrs Locker hatte keine Ahnung, wo ihr Mann steckte. „Ich war gerade in unserer Kabine. Dort ist er nicht."

Axel hatte eine Idee und lief los. Lilo folgte ihm.

„Wohin willst du?", fragte sie, als er die steile Holztreppe nach unten eilte.

„Zum Arbeitszimmer von Mister Locker. Dort, wo ich ihn am ersten Tag getroffen habe!", erklärte Axel.

Der enge Gang auf dem untersten Deck war leer, die Tür zum Arbeitszimmer geschlossen.

„Hier ist er auch nicht!", sagte Lilo enttäuscht.

„Warum? Die Tür ist zwar zu, wir wissen aber nicht, ob sie abgesperrt ist!", meinte Axel.

Da hörten sie Schritte die Treppe herunterhasten. „Gehen Sie schon voraus, Fernando! Ich komme sofort!", rief Mister Locker von oben.

Mit Fernando wollte Lieselotte nicht sprechen. Sie zog Axel in ihre alte Kabine. Die Tür ließen sie einen winzigen Spaltbreit offen.

Der Assistent ging direkt auf die Tür des Arbeitszimmers zu. Er sperrte die verschiedenen Schlösser auf und trat ein. Die Tür blieb angelehnt.

Nach ein paar Sekunden verließ er den Raum und verschwand mit schnellen Schritten nach oben.

„Los!", zischte Lilo.

Die Knickerbocker verließen ihr Versteck und schlichen auf Zehenspitzen zum Arbeitszimmer. Sie zogen die Tür ein Stückchen auf und schlüpften hinein. Der Raum war in blaues Licht getaucht. Die Klimaanlage lief auf Hochtouren.

Sie fröstelten.

Die beiden Juniordetektive befanden sich in keinem normalen Arbeitszimmer. Die Einrichtung bestand aus einem schwarzen Pult, in das mehrere Bildschirme eingelassen waren. Daneben und darunter gab es lange Reihen von Drehknöpfen und Schaltern.

„Was sind das für Geräte?", flüsterte Lieselotte ihrem Kumpel zu.

Auf einigen Bildschirmen waren horizontale und vertikale Linien zu sehen, die über bunten, zackigen Flächen lagen. Ganz besonders auffällig war ein Bildschirm, in dessen Mitte ein roter Punkt blinkte. Beinahe darüber stand ein weißer Punkt.

Auf einem anderen Gerät erschienen Muster, die an Berge und Täler erinnerten. Dazwischen tauchten auch Linien auf, die rechte Winkel bildeten.

„Ich habe eine solche Ausstattung schon einmal gesehen", erklärte Axel leise. „In einem U-Boot-Film. Ich glaube, das eine dort mit den Bergen und Tälern ist ein Sonargerät. Es tastet mit Schall oder Ultraschall den Meeresboden ab und zeichnet ihn auf. Das Gerät mit den Punkten ist eine Hilfe zur Navigation, wenn ein ganz bestimmter Ort erreicht werden soll."

„Warum sind diese Geräte hier unten und nicht auf der Kommandobrücke?", wunderte sich Lilo.

„Und wieso peilt er einen bestimmten Punkt an, wenn doch Atlantis gesucht wird, von dem keiner weiß, wo es sich befindet?", fügte Axel hinzu.

„Hier stinkt es gewaltig!", flüsterte Lilo.

„Los, raus!", zischte Axel ihr zu.

Aber es war zu spät! Auf dem Gang waren bereits Schritte zu hören, die sich näherten.

Hastig blickten sich die beiden Knickerbocker nach einem Versteck um. Lilo zeigte auf einen halbhohen leeren Aktenschrank. Sie krochen auf allen vieren hinein und Lieselotte schob die Tür zu. Durch das dünne Holz konnten sie alles belauschen, was in dem Raum vor sich ging.

„Wir sind am Ziel, Fernando!", sagte der Milliardär und klang überaus zufrieden.

„Ich fasse noch einmal zusammen, Sir!", begann der Assistent.

„Gleich, zuerst zu dieser falschen Gouvernante. Haben wir Nachricht, wer sie wirklich ist?"

Fernando hantierte an einem Gerät. Es klapperten Tasten. Wahrscheinlich arbeitete er an einem Computer. „Oh nein!", stöhnte er.

„Was ist?"

„Es handelt sich um Felicitas Wessel, ein Mitglied der Gruppe um Johnny Good."

Der Name schien auch Mister Locker zu erschrecken. „Sind Sie sicher?"

„Unsere Leute haben es mit Hilfe des Fotos, das wir ihnen per E-Mail geschickt haben, herausgefunden."

„Johnny Good ist ein Mitglied der Mafia!", schnaufte Mister Locker. „Woher wissen die, was wir hier vorhaben?"

„Keine Ahnung, Sir! Es kann auf keinen Fall etwas nach außen gedrungen sein. Alle Vorbereitungen haben unter größter Geheimhaltung stattgefunden. Außer Ihnen und mir kennt niemand den wahren Grund der Reise."

„Was haben Sie alles in der Kajüte von Felicitas Wessel gefunden?"

„Ein Funkgerät. Ich nehme an, sie wollte damit unsere endgültige Position durchgeben. Außerdem haben wir in der Kabine der Waisen einen Computer und ein Handy entdeckt. Beide sind mit Passwörtern gesperrt – Profigeräte."

„Welche Rolle spielen die Kinder in der Sache?", fragte Mister Locker.

Lilo und Axel trat der Schweiß aus allen Poren.

„Sie sind auf Santorin in unsere Falle getappt und in dem blauen Haus erschienen. Höchstwahrscheinlich sind sie von jemandem geschickt worden. Danach wollte sich die Frau der lästigen Mitwisser entledigen. So könnte ich mir das vorstellen", erklärte Fernando.

Lieselotte unterdrückte ein Stöhnen. Larry Hunt befand sich also in der Gewalt der Leute, die Professor Bock bedroht hatten. Sie waren über Hunts Computer mit den vier Knickerbocker-Freunden in Kontakt getreten. Genau wie Lilo vermutet hatte, wollte man mit dem angeblichen Treffen auf Santorin herausfinden, wer sich hinter DALP verbarg.

Auf einmal wurde ihr noch etwas klar: Sie hatten ein wichtiges Wort vergessen. Es war das Codewort Knickerbocker 2000, mit dem jede Nachricht gekennzeichnet sein musste. Die E-Mails von Larry hatten das Codewort nicht mehr getragen.

„Der Typ, der uns verfolgt und den Peilsender an der ‚Helena' angebracht hat, war also der Komplize der Frau", überlegte Rupert Locker laut.

„Ja, das würde ich sagen."

„Wo ist er jetzt?"

„An Bord der ‚Medusa' im Bleikäfig", antwortete Fernando.

„Sobald wir alles verladen haben, schafft ihn auf die ‚Helena'! Und wie wird die Aktion nach der Bergung ablaufen?"

„Wie vereinbart. Ich werde Sie und Ihre Frau an Bord der ‚Medusa' bringen, und es wird nach einer Entführung aussehen. Wenn wir weit genug entfernt sind, zünden wir die Sprengladung."

Lilo und Axel wurde übel.

„Wo ist der Sprengstoff eigentlich versteckt?", fragte Rupert Locker.

„In den Gipsfiguren. Das war der unauffälligste Ort. Sind Sie zufrieden?"

„Ja, sehr!", lobte der Jachtbesitzer. „Falls jemals nach dem Wrack der ‚Helena' getaucht werden sollte, wird man Trümmer von Statuen finden und sie bestimmt für Reste von Atlantis halten!" Er lachte hämisch. „Sie hätten allerdings besser Marmor als Material wählen sollen. Das war typischer für die damalige Zeit. Fernando, Sie müssen noch einiges lernen!"

Der Assistent maulte etwas Unverständliches und fragte dann: „Soll ich die Mitteilung an die Presse rauslassen?"

„Ich will sie vorher noch einmal durchgehen."

Wieder tippte Fernando etwas ein, bevor er laut und ein bisschen holprig vorlas. Der erste Teil war ein Bericht über Professor Bock und Xerxes und deren Behauptung, Atlantis finden zu können. Dann folgte die Meldung, dass sie die Stelle entdeckt hätten, an welcher der versunkene Kontinent lag. In der Mitteilung, die an alle großen internationalen Medien gehen sollte, wurden jedoch Koordinaten angegeben, die nicht mit der tatsächlichen Position der „Helena" übereinstimmten.

Lieselotte war klar, wozu das gut sein sollte. Alle

Reporter und Schaulustigen würden zum falschen Ort reisen.

Fernando lachte kurz auf. „Ich könnte Journalist werden. Ich weiß schon jetzt, wie der Bericht fortgesetzt werden wird!" Er räusperte sich und las weiter vor: „Aus noch ungeklärter Ursache explodierte die Luxusjacht des Milliardärs Rupert Locker, der die Suche nach Atlantis finanziert hatte. Locker und seine Frau Nadine, die beide zur Zeit des Unglücks in einem Motorboot unterwegs waren, wurden zwar verletzt, überlebten aber. Alle anderen Mitglieder der Expedition kamen ums Leben. Ein Fischkutter hat das Ehepaar kurz nach dem schrecklichen Vorfall aufgelesen und an Bord genommen." Er grinste über seine Fantasie und fügte hinzu: „Wir müssen ja niemandem verraten, dass ich der Kapitän des Kutters sein werde."

„Genug, Fernando! Wir haben jetzt Wichtigeres zu tun", sagte sein Chef streng. „Los, lassen Sie die Tauchboote klarmachen. Wir setzen gleich die U-Boote ein, nicht den Roboter. Das dauert zu lange, und wir haben schließlich Johnny Good im Nacken."

„Äh, Sir, es gibt ein kleines Problem. Keiner will die Einmann-Tauchboote steuern. Es hat sich unter der Mannschaft herumgesprochen, dass sie nicht sicher sind."

„Das ist schlecht", sagte Locker nachdenklich. „Ich überlege mir etwas."

Die beiden verließen den Raum und schlossen ab.

Nach Luft ringend, krabbelten die Knickerbocker aus ihrem Versteck. „Was ... was holen die da vom Meeresgrund rauf?", fragte Axel.

„Das ist mir jetzt egal! Wir müssen Hilfe organisieren, bevor sie die ‚Helena' sprengen!", japste Lilo.

Da wurde die Tür aufgerissen und Mister Locker trat mit einem bösen Lächeln auf den Lippen ein. „Wusste ich doch, dass ihr für Johnny Good arbeitet. Der Dreckskerl setzt tatsächlich schon Kinder ein! Na gut, ich denke, wir haben unsere U-Boot-Lenker!"

Geheimer Hilferuf

Dominik und Poppi rutschten auf den Knien über das Deck. Dominik hielt seine Nase nah an die Ritzen zwischen den ausgetrockneten Holzplanken. Das Hinterdeck war nicht so sauber poliert und gepflegt wie der vordere Teil der Jacht.

„Kein Zweifel, ich irre mich nicht! Es wurde hier ein Mittel eingesetzt, das auch in der Inszenierung des ‚Sommernachtstraums' verwendet wurde. Für die vielen Feuereffekte kam damals eine Substanz zur Anwendung, die einen eigentümlichen Geruch hinterlässt. Ich hatte während der Aufführungen sehr darunter zu leiden!", erklärte der Junge etwas geschraubt.

„Heißt das ... dieser Xerxes ist ein Schwindler?", fragte Poppi.

„Natürlich!", brauste Dominik auf. „Alles nur fauler Zauber! Der schwebende Krug, der Stein, das Theater vorhin – alles Tricks!"

„Aber wo ist er hin? Wir haben die Mumie doch keine Sekunde aus den Augen gelassen!", meinte Poppi ratlos.

Dominik untersuchte die Bretter nach einer geheimen Falltür, fand aber keine. Stattdessen entdeckte er, dass eine Handbreit über dem Boden

Fenster begannen. Sie gehörten wohl zu einer der Kabinen von Mister und Mrs Locker. „Ich stelle mir die Sache so vor: Xerxes hat das Feuer vorbereitet und selbst gezündet. Als wir alle geblendet waren, ist er durch eines der Fenster in das Innere des Schiffes verschwunden", schilderte Dominik die Situation.

„Dann muss er sich ja irgendwo verstecken. Komm, wir suchen ihn! Mister Locker wird begeistert sein, wenn wir ihm sagen können, dass er einem Betrüger aufgesessen ist", meinte Poppi.

Die beiden liefen zum Treppenabgang, wo sie auf Lilo und Axel stießen.

„Ihr werdet nicht glauben, was wir herausgefunden haben!", riefen die beiden jüngeren Mitglieder der Bande stolz.

Poppi fiel sofort auf, wie blass Lieselotte war.

Hinter ihr tauchten der Milliardär und Fernando auf. Dominik sah, wie der Assistent Axel an der rechten Schulter packte. Sofort begann der Knickerbocker zu reden: „Stellt euch vor, wir dürfen die Tauchboote lenken. Die Mini-U-Boote, ist das nicht irre?!"

„Was? Die sind doch so unsicher!", platzte Poppi heraus.

Lieselotte schüttelte den Kopf. „Aber nein, überhaupt nicht! Man muss nur ziemlich schlank sein, um in diese Röhre zu passen. Wir werden per Funk mit der ‚Helena' verbunden sein und alles angesagt bekommen, was wir tun müssen. Ein Großteil funktioniert ohnehin automatisch."

„Ihr … ihr taucht nach Atlantis?", fragte Dominik ungläubig.

Die beiden Großen nickten.

„Wir dürfen als Allererste hinunter, um festzustellen, was von Atlantis übrig ist!", sagte Axel. Seine Stimme zitterte, als er die genaue Lage des Orts angab, an dem sie tauchen würden.

„Das ist aber zu gefährlich!", warnte Poppi.

„Nein, nein, ihr müsst deshalb nicht gleich einen Notruf loslassen. Wir schaffen das schon!", versicherte Lieselotte.

„Also, jetzt ist es höchste Zeit!", erklärte Mister Locker und führte die beiden Juniordetektive gemeinsam mit Fernando auf das Hinterdeck. Dort holten Matrosen die U-Boote unter den Planen hervor und machten sie für den Tauchgang bereit.

Poppi fasste Dominik an der Hand. Wie zwei einsame, verlassene Kinder standen sie da und starrten ihren Freunden nach. Sie durften sich nicht anmerken lassen, dass sie genau wussten, wie schlimm die Lage war.

Lilo und Axel hatten ihnen wichtige Hinweise gegeben, doch die beiden jüngeren Mitglieder der

Bande hatten keine Ahnung, was sie damit anfangen sollten.

Axel hatte die Positionskoordinaten genannt und dabei einmal mit dem linken und einmal mit dem rechten Auge geblinzelt. Das war das Zeichen, dass es sich um eine wichtige und geheime Mitteilung handelte. Und Lieselotte hatte bei dem Wort Notruf ebenfalls rasch die Augenlider bewegt.

Die Botschaft war klar: Poppi und Dominik sollten einen Notruf abschicken und die Koordinaten durchgeben. Aber wie sollten sie das anstellen?

„Särge aus Blech!" Das war Lieselottes erster Gedanke, als sie die Mini-Tauchboote sah. Es waren zwar hypermoderne Modelle, aber sie traute ihnen nicht.

Die Mini-U-Boote boten nur einem Piloten Platz. Sie waren röhrenförmig und hatten am vorderen Ende mehrere kleine Luken.

Das hintere Ende konnte zur Seite geklappt werden, damit man sich hineinschieben konnte. Angetrieben wurde das U-Boot von einer Schiffsschraube. Damit es sich nicht im Wasser zu drehen begann, hatte es Stabilisatorenflügel.

„Nein, das ist doch keine Aufgabe für die Kinder! Ich werde selbst hinabtauchen!", rief Professor Bock und drängte sich zu den Booten.

Rupert Locker schob ihn sanft zur Seite. „Ich bitte Sie, die Boote sind doch viel zu klein und eng für Sie!"

„Unsinn, ich bin ja kleiner als der Junge!", rief der Wissenschaftler empört.

„Sie haben aber keine Spezialausbildung, die Kinder schon!", sagte Fernando.

„Was? Die Kinder? Das glaube ich Ihnen nicht! Hier stimmt doch etwas nicht!" Hieronymus Bocks Stimme wurde schrill.

Lilo warf ihm einen bedauernden Blick zu. Der Arme war hereingelegt worden. Die ganze Atlantisgeschichte war nur veranstaltet worden, um den wahren Grund dieser Fahrt zu vertuschen. Mit seiner geschwätzigen Art hatte der Forscher dafür gesorgt, dass die Fachwelt von der angeblich bevorstehenden Entdeckung erfuhr. Niemand vermutete freilich, dass Mister Locker ganz andere Ziele verfolgte.

„Bestimmt ist dieser Xerxes zu Professor Bock geschickt worden, um ihn ins Atlantisfieber zu stürzen", dachte Lilo.

Da sich der Wissenschaftler einfach nicht beruhigen wollte, ergriff ihn Fernando unsanft an der Schulter und führte ihn unter Deck. Ein dumpfer Schlag ließ erahnen, dass er ihn zum Schweigen gebracht hatte.

„So, seid ihr bereit?", fragte der Milliardär mit einem breiten Lächeln.

Axel und Lilo bewegten sich nicht.

Locker gab zwei Seeleuten ein Zeichen, die beiden Knickerbocker in die Röhren zu schieben. Widerstandslos ließen es Axel und Lilo mit sich geschehen. Man hatte ihnen gedroht, Poppi und Dominik Schlimmes anzutun, wenn sie nicht gehorchten.

Insgeheim hoffte Lieselotte auf ein Wunder. Vielleicht konnten sie es hinauszögern, dass Locker das bekam, was auf dem Meeresgrund lag. Wenn Poppi und Dominik einen Notruf losschickten, würde Hilfe kommen! Traf diese rechtzeitig ein, konnten alle gerettet werden.

Axel und Lilo hatten auf besonders weichen Liegen Platz genommen, die mit einer geleeartigen Flüssigkeit gefüllt waren und sich dem Körper genau anpassten. Die Oberfläche war angenehm kühl. Die Mini-U-Boote waren gerade so hoch, dass sich die Juniordetektive mit eingezogenem Kopf hätten aufsetzen können. Aber das wollten sie gar nicht.

Wenn sie sich auf die Ellbogen stützten, überblickten sie ein kleines Steuerpult mit Anzeigen, Lämpchen und Schaltern. Links und rechts befanden sich zwei metallene Handschuhe.

Durch die Luken sahen Axel und Lilo, wie die

U-Boote von zwei Kranarmen über Bord gehoben und langsam ins Wasser gesenkt wurden.

„Drückt den roten Knopf", ertönte Fernandos Stimme über einen Lautsprecher.

Die Knickerbocker befolgten den Befehl und die Schiffsschrauben setzten sich in Bewegung.

Mit einem Ruck wurden die Halterungsketten gelöst und die U-Boote klatschten ins Wasser.

Die Tauchfahrt begann.

Eine offene Rechnung

Die Motoren der Tauchboote gaben ein summendes Geräusch von sich.

Nach und nach entkrampften sich die Muskeln der Knickerbocker-Freunde ein bisschen. Jeder konnte das Gefährt des anderen durch die Luke sehen und sie winkten einander sogar zu.

Wie auf Schienen glitten die beiden U-Boote in die Tiefe. Von oben fiel das Sonnenlicht durch die Wasseroberfläche und ließ einen Schwarm kleiner Fische silbern aufblitzen. Mehrere große Haie zogen vorbei, für die die Boote auch nicht weiter interessant zu sein schienen.

Bald wurde es dunkler. Über den Köpfen der Juniordetektive gingen grün schimmernde Lichter an.

Bald herrschte absolute Finsternis. Eine schreckliche Angst ergriff von Axel und Lilo Besitz.

Lilo starrte wie gebannt auf den Tiefenmesser. Sie befanden sich bereits in dreihundert Metern Tiefe. Ein Ende der Fahrt war nicht abzusehen.

Immer schneller liefen die Metermarken, immer rasanter wurde die Fahrt.

Axel blickte immer wieder nach links zu Lilos U-Boot. Er erkannte es nur noch an dem grünlichen Licht, das aus den Luken drang.

In den U-Booten sank die Temperatur rapide. Die beiden Juniordetektive waren nur mit Shorts und T-Shirts bekleidet. Sie fröstelten bald und schließlich zitterten sie vor Kälte.

„Ha... hallo ... hören Sie uns?", fragte Lilo in ein Mikrofon.

„Klar und deutlich!", antwortete Mister Locker.

„Es wird so kalt!", meldete Lieselotte.

„Natürlich wird es das! Das Meer hat in diesen Tiefen eine Temperatur, die bei ungefähr 5 Grad liegt."

„Wir ... wir können uns kaum bewegen und haben nichts Warmes anzuziehen. Wir werden erfrieren, bevor wir unten ankommen!", stöhnte Axel, der das Gespräch in seinem U-Boot mithören konnte.

„Aber wieso denn so ängstlich? Die Boote sind mit einer Heizung ausgestattet. Ihr müsst nur die Schalter über dem Wort ‚Aircondition' drücken."

Lilo und Axel griffen mit zitternden Fingern danach. Über ihnen begann es zu surren und warme Luft strömte herab.

„Wieso können wir eigentlich hier drinnen so lange atmen?", wollte Lilo wissen.

Der Milliardär erklärte höflich: „Natürlich befindet sich ein gewisser Sauerstoffvorrat an Bord. Allerdings würde ich an eurer Stelle keine Verzögerungen verursachen. Sonst könnte die Luft für euch recht knapp werden!"

Lilo stöhnte mutlos.

Fernando wich keinen Zentimeter von Poppi und Dominiks Seite. Immer wieder schenkte er ihnen ein höhnisches Lächeln.

Die beiden Knickerbocker seufzten. Was sollten sie tun? Ihnen war klar, dass Fernando jede Bewegung überwachte.

In der Ferne war ein leises Knattern zu hören, das sich schnell näherte. Ein junger Matrose stürzte aus der Kommandozentrale. Rote Ringe um seine Ohren zeigten, dass es sich um den Funker handeln musste: Er hatte Kopfhörer getragen.

„Sir, ein Funkspruch eines Helikopters. Wir sollen jeden Widerstand aufgeben und die Operation sofort beenden. Andernfalls müssten wir mit einem Angriff rechnen!" Der Funker war käseweiß im Gesicht.

Fernando fluchte und stürmte zu seinem Chef, der am Hinterdeck stand und die Tauchfahrt über mehrere kleine Bildschirme verfolgte. Aufgeregt berichtete er ihm, was er soeben gehört hatte.

Der Jachtbesitzer verlor zum ersten Mal die Geduld.

„Was? Wie ist das möglich? Es kennt doch keiner

unsere Position. Es kann uns niemand gefolgt sein!"

Das Motorengeräusch wurde lauter und die Umrisse eines Hubschraubers tauchten am Himmel auf.

„Das Spiel ist aus!", ertönte eine Stimme.

Rupert Locker drehte sich wütend um und sah sich Bobby gegenüber, der eine automatische Waffe auf ihn gerichtet hielt. „Sie bewegen sich keinen Millimeter vom Fleck, sonst mache ich Ernst", drohte er.

„Wie hat diese Ratte die Waffe an Bord schmuggeln können? Warum haben Sie nicht erkannt, dass er ein Maulwurf ist?", zischte der Milliardär seinen Assistenten an.

Dieser zuckte nur hilflos mit den Schultern.

„Sie haben schon vor zehn Jahren einmal eine Forschungsreise unterstützt: damals in den Dschungel – und keiner außer Ihnen ist zurückgekehrt", brüllte Bobby. „Zufälligerweise ist einige Jahre zuvor eine Transportmaschine genau über diesem Dschungelgebiet abgestürzt. Sie wurde nie gefunden. Ich kenne auch den Grund. Sie haben dafür gesorgt, dass alle Suchtrupps verschwunden sind oder falsche Meldungen weitergegeben haben. Als genug Zeit vergangen war, haben Sie dann die Absturzstelle selbst aufgesucht und sich geholt, was sich an Bord der Maschine befand. Getarnt war das Unternehmen als Expedition, die nach alten Maya-Tempeln forschte. Nicht wahr?"

Mister Locker presste die Lippen aufeinander und seine Augen verengten sich zu Schlitzen.

„Mein Bruder hat an der angeblich wissenschaftlichen Expedition teilgenommen und ist nie zurückgekommen. Ich habe geschworen herauszufinden, was damals wirklich geschehen ist. Soviel ich weiß, ist vor sieben Jahren genau an dieser Stelle unter mysteriösen Umständen ein Schiff gesunken. Die Ladung war streng geheim, genau wie die des Flugzeuges. Und wieder machen Sie eine Forschungsreise: diesmal, um Atlantis zu finden. Seltsam, wie sich alles wiederholt."

Locker schwieg.

„Sie müssen ja einer sehr heißen Sache auf der Spur sein, wenn sogar Johnny Good jemanden eingeschmuggelt hat. Leider ist es mir nicht gelungen, die Frau daran zu hindern, an Bord zu kommen – noch dazu mit Kindern!"

Bobby selbst hatte also den Zwischenfall mit dem Transporter im Tunnel organisiert.

„So, aber jetzt ist Ihr Spiel aus und diesmal wird die ganze Welt erfahren, was Sie hier eigentlich tun!", sagte er zufrieden.

Poppi und Dominik standen hinter einem Vorsprung versteckt und hatten Bobbys Ausführungen mitverfolgt. Sie atmeten auf. Sie waren gerettet. Der Helikopter war nicht mehr weit entfernt. Er würde sie bestimmt schnell von dieser schrecklichen Jacht wegbringen. Sehnsüchtig blickten sie in den strahlend blauen Himmel.

Da ertönte ein Aufschrei. Ein Schuss löste sich und etwas plumpste zu Boden.

Operation in 3600 Metern Tiefe

Binnen Sekunden waren alle Hoffnungen der beiden Knickerbocker zunichte geworden. Der Kapitän hatte sich von hinten an Bobby herangeschlichen und ihn überwältigt.

Der Helikopter hatte jedoch mittlerweile die Jacht erreicht und setzte zur Landung an.

Fernando packte Bobbys automatische Waffe, richtete sie auf den Hubschrauber und drückte ab. Mehrere Feuerstöße donnerten aus dem Lauf. Der Boden des Helikopters wurde total durchlöchert.

Mit einem gewagten Sprung rettete sich der Pilot ins Meer. Er war gerade zwischen den Wellen verschwunden, als seine Maschine explodierte. Ein Feuerball stieg in einer schwarzen Rauchwolke zum Himmel auf.

Wrackteile regneten ins Wasser. Eine Druckwelle brachte die „Helena" ins Wanken. Hitze schlug den Menschen an Bord wie eine unsichtbare Faust ins Gesicht. Die meisten warfen sich nieder.

Beängstigende Stille breitete sich auf der „Helena" aus. Jedem war nun klar, dass hier etwas nicht stimmte. Keiner glaubte mehr an die Suche nach Atlantis.

„Alle wieder auf ihre Posten!", schrie Mister Locker.

Der Pilot des Helikopters rettete sich schwimmend zur „Helena". Er wurde von Matrosen aus dem Wasser gezogen.

„Bringt die beiden hinunter in den Statuenraum. Dort können sie es sich mit Felicitas Wessel gemütlich machen!", befahl der Milliardär.

Lilos Stimme meldete sich krachend aus einem kleinen Lautsprecher, der neben den Bildschirmen befestigt war: „Wozu dienen die Handschuhe?"

„Das erfährst du noch früh genug!", schnaubte Locker.

Erst jetzt fielen Dominik und Poppi die Ketten auf, die mit Hilfe von Rollen ins Meer gelassen worden waren. Sie schienen unendlich lang zu sein.

Geschockt lehnten sich die beiden Knickerbocker an die Wand des Speisesalons. Die Gelegenheit war günstig. Sie waren unbewacht. Aber wie sollten sie an die Funkanlage herankommen und einen Notruf senden?

Dominik zeigte auf das Meer hinaus. „Schiff in Sicht!", stellte er fest.

Verwundert bemerkte er, dass es sich um denselben Fischkutter handelte, der sie vor ein paar Tagen überholt hatte. Er kam nahe an die „Helena" heran und wieder standen zwei Männer an Bord. Sie riefen der Besatzung der „Helena" etwas zu und zeigten fragend auf die letzten Wrackteile, die noch im Wasser schwammen.

Da tauchte Nadine Locker auf. Sie war sehr bleich. Sie trat zu den beiden Knickerbockern und legte ihnen die Hände auf die Schulter. „Alles in Ordnung?", fragte sie besorgt. Dominik und Poppi schüttelten den Kopf.

Fernando näherte sich und sagte zur Frau seines Chefs: „Ihr Mann hat mich gebeten, Sie an Bord des anderen Schiffes zu bringen. Dort erwartet Sie eine kleine Überraschung, die er vorbereitet hat."

„Ich brauche keine Überraschungen mehr", erwiderte Mrs Locker trocken.

„Ich muss Sie aber jetzt an Bord der ‚Medusa' begleiten!" Fernandos Stimme klang scharf und duldete keinen Widerspruch.

Vom Kutter aus wurde eine behelfsmäßige Gangway zur „Helena" installiert.

„Gut, aber die Kinder nehme ich mit!", entschied Mrs Locker. Bevor Fernando protestieren konnte, hatte sie Dominik und Poppi bereits auf die Gangway geschubst und folgte ihnen.

Fernando bekam vor Wut einen roten Kopf. Aber Nadine Locker achtete nicht darauf und führte die Juniordetektive sofort unter Deck.

Aus den Lautsprechern in den U-Booten ertönte die Stimme Rupert Lockers: „Ihr habt gleich den Meeresgrund erreicht. Drückt jetzt den weißen Schalter!"

Axel und Lilo griffen sofort danach und Scheinwerfer gingen an. Das Licht schien große Mühe zu haben, die Dunkelheit zu durchdringen.

Hatte Lilo die Anzeige richtig abgelesen? Waren sie wirklich 3600 Meter unter dem Meeresspiegel?

Erschrocken zog Axel den Kopf ein. Ein grauenhaft weißer Fisch ohne Augen war an seiner Luke vorbeigeglitten. Er hatte wie ein Monster aus der Urzeit ausgesehen.

„Mit Hilfe des Steuerrades vor euch könnt ihr eure U-Boote lenken. Ihr werdet gleich Piepstöne hören. Fahrt in die Richtung, in der sie lauter und kürzer werden!", ordnete der Jachtbesitzer an.

Die beiden Juniordetektive befolgten die Anweisung. „Piep-piep-piep", erklang es über ihnen. Sobald sie das U-Boot in eine andere Richtung drehten, wurde das Signal stärker oder schwächer.

Axel wusste, dass sie es mit einem Ortungsgerät zu tun hatten. Es würde sie dorthin lotsen, wo Mister Locker sie haben wollte.

Angst und Anspannung waren zu groß, sonst hätten die Knickerbocker den Anblick bestaunt, der sich ihnen bot. Der Meeresboden war keineswegs eine Ebene. Es gab Hügel und Berge mit Pflanzen, die sich wie lange weiße Schleier im Wind bewegten.

Lilo warf einen Blick zu Axel und erschrak. „Vorsicht, nach links, schnell!", rief sie.

Axel reagierte sofort. Schon spürte er, wie sein Tauchboot zur Seite geschleudert wurde. Von außen polterten Steine hart gegen das Metall. Im Inneren dröhnte jeder Aufprall wie eine Explosion.

Ein Hang war ins Rutschen geraten. Ohne Lilos Warnung wäre Axel verschüttet worden.

Der Junge winkte dem Superhirn zu und streckte den Daumen in die Höhe.

„Vorsicht, Kinder! In dieser Tiefe lastet auf euren Booten ein ungeheurer Druck. Das Metall ist äußerst empfindlich und verletzbar!", warnte Rupert Locker die Juniordetektive.

Das Piepen wurde immer schneller, bis es fast zu einem durchgehenden Ton verschmolz.

Vor Axel und Lilo tauchten aus der Dunkelheit die Umrisse eines versunkenen Schiffes auf. Der Rumpf, der ebenfalls aus Metall war, schien nicht auseinander gebrochen zu sein. Es lag auf der Backbordseite.

Alle Fenster und Luken waren zerstört. Schwarzer Seespat überzog die Außenwände. Soviel die Knickerbocker erkennen konnten, befanden sich in den Kabinen Einrichtungsgegenstände. Sie sahen sogar einen Rucksack, der an einem Bullauge hängen geblieben war und sich wie ein Kugelfisch immer wieder aufblähte.

Die beiden schauderten.

„Gut gemacht!", lobte Mister Locker. „Und nun fahrt ihr zum Vorderdeck! Ihr solltet dort einen Container vorfinden."

Die beiden Tauchboote setzten sich surrend wieder in Bewegung und die Knickerbocker steuerten den Bug an. Tatsächlich stand hier ein Container, der ungefähr so groß wie ein Kleinwagen war.

„Er muss an der Oberseite vier Ösen haben. Befestigt daran die Ketten, die ihr in die Tiefe mitgezogen habt!", lautete der nächste Auftrag. „Wenn ihr eure Hände in die Handschuhe steckt, aktiviert ihr damit Roboterarme, die euch das Arbeiten ermöglichen."

Axel und Lilo schlüpften in die Metallhandschuhe und spürten, wie sich eine Mechanik um ihre Hände schloss. Durch die Luken konnten sie mitverfolgen, wie aus dem Bauch der U-Boote Roboterarme ausfuhren. Sie hatten vorne Greifzangen, die den Bewegungen der Finger folgten.

Automatisch wurden aus der Halterung an der Oberseite der U-Boote jeweils zwei Ketten ausgeklinkt, die dann über die Außenhaut rasselten.

Nach einigen Versuchen gelang es den Juniordetektiven, sie mit den Greifzangen aufzuheben und festzuhalten. An den Enden der Ketten waren große Haken.

„Legt jetzt die Ketten durch die Ösen am Container. Und ein bisschen Tempo, euer Sauerstoff wird knapp!", drängte Mister Locker.

Die Juniordetektive mussten allerdings zuerst die Tauchboote in die richtige Position bringen – ohne während dieses Manövers die Ketten loszulassen. Mit dem Kinn bewegten sie das Steuerrad und mit dem Ellbogen gaben sie Gas.

Axel glückte es auf Anhieb, eine Kette in die spiralförmige Öse an der Ecke des Containers einzuführen. Die zweite bereitete ihm größere Probleme.

Lilo hatte schon mit der ersten Mühe: Immer wieder rutschte die Kette ab oder wurde von einer Meeresströmung erfasst und abgetrieben.

„Was ist denn? Können wir endlich mit der Bergung beginnen?", meldete sich Locker ungeduldig.

„Gleich!", keuchte Lieselotte.

Axel kam seiner Freundin zu Hilfe und gemeinsam schafften sie es schließlich, auch die dritte und vierte Kette am Container festzumachen.

„Fertig!", verkündeten beide.

Mister Rupert gab Befehl, die Winden in Bewegung zu setzen.

Durch die Luken beobachteten Lilo und Axel, wie sich die Ketten strafften und der Container langsam aus dem Schlamm gezogen wurde. Eine mächtige trübe Wolke wurde dabei aufgewirbelt.

Und dann ertönte ein Knall. Eine Kette peitschte gegen die rechte Seite von Lieselottes U-Boot und schleuderte es gegen das andere. Die beiden Boote stießen krachend zusammen, und das Superhirn hörte ein scharfes Zischen: Wasser drang ein!

Pech!

An Bord der „Helena" sagte Mister Locker zu Fernando: „Los, räumen Sie den Bleiraum! Und teilen Sie Schutzanzüge aus! Die Leute sollen den Container ausräumen und uns helfen, das Material an Bord der ‚Medusa' zu schaffen."

Sein Assistent nickte.

„Und der Typ, den wir auf der ‚Medusa' gefangen halten?"

„Lassen Sie ihn unauffällig verschwinden!"

Fernando hatte Angst, einen weiteren Fehler zu begehen. Er wusste, dass er sich keinen mehr leisten konnte. Sein Boss kannte keine Gnade.

Er begab sich an Bord der „Medusa" und stieg unter Deck. Gut getarnt lag in der Mitte des Schiffes der Raum mit den Bleiwänden. Um ihn zu öffnen, musste man eine Zahlen- und Buchstabenkombination kennen, die nur ihm, den beiden Männern an Bord und natürlich Locker bekannt war.

Fernando konzentrierte sich, um auch ja keinen Fehler zu machen. Jedes Versehen hatte nämlich zur Folge, dass man eine halbe Stunde bis zum nächsten Versuch warten musste.

Ein hoher Pfeifton zeigte an, dass er es geschafft

hatte: Die ausgeklügelte Mechanik setzte sich in Bewegung und das dicke Tor schwenkte langsam nach außen.

Larry Hunt war nur noch ein Schatten seiner selbst. Mit trübem Blick sah er dem Handlanger des Milliardärs entgegen.

„Los, aufstehen!", schnauzte ihn Fernando an und riss ihn an der Schulter in die Höhe. Er stieß ihn grob aus dem Raum und warf ihn zu Boden, um die Tür zu schließen.

Larry war so entkräftet, dass Fernando keine Gefahr zu befürchten hatte. Wieder gab der Assistent eine Kombination ein und die Mechanik begann zu arbeiten.

Der Stoß kam völlig unerwartet: Fernando wurde hart am Rücken getroffen – und schon flog er durch den schmalen Spalt, den das Tor noch offen stand. Bevor er sich hochkämpfen und umdrehen konnte, hatte es sich hinter ihm schon geschlossen.

Larry traute seinen Augen nicht, als er Poppi und Dominik erblickte.

Die beiden legten den Finger auf den Mund und machten: „Pssssst!"

Der erste Schritt war geschafft, aber es gab noch andere Hürden, die sie bewältigen mussten …

Eiskaltes Wasser tropfte auf Lilos Kopf.

„Mein U-Boot ist leck!", keuchte sie.

„Pech!", antwortete Mister Locker herzlos.

Lieselotte hörte, wie das Brummen ihrer Schiffsschraube immer tiefer wurde und schließlich verstummte. Sie konnte das Boot nicht mehr lenken und es sank dem Boden entgegen.

„Mein Motor ist ausgefallen!", schrie sie in Panik. „Ein Sarg aus Metall! Ein Sarg aus Metall!", hämmerte es ihr durch den Kopf.

„Abermals Pech!", lachte der Milliardär.

Lilo sah die Kette vor ihrer Luke, steckte die Hände in die Handschuhe und ließ die Roboterarme nach vorne sausen. Die Zangen ergriffen die Kette und umklammerten sie.

An Bord der „Helena" kreischte die Winde auf.

„Boss, da hängt noch etwas dran!", meldete einer der Matrosen.

Mister Locker beugte sich ganz nahe zum Mikrofon und brüllte: „Lass sofort los, du kleines Dreckstück!"

Mit seiner Ruhe war es nun vorbei. Er wusste, dass jede Minute zählte. Kamen ihm Johnny Good und dessen Leute auf die Spur, war nicht nur sein Plan gescheitert.

„Nein!", antwortete Lilo. „Sie werden mich hochziehen."

„Lass los!", kreischte Locker. „Sonst sprenge ich auf der Stelle dein Boot."

Die Drohung wirkte. Lieselotte lockerte den Griff und das Mini-U-Boot begann wieder zu sinken. Sofort setzte sich die Winde in Bewegung. Der Container schwebte aus dem Scheinwerferlicht der beiden U-Boote davon.

Entsetzt entdeckte Lieselotte eine Anzeige mit der Aufschrift O für Sauerstoff. Sie hatte noch für eine knappe Stunde Luft zum Atmen. Ihr kam ein entsetzlicher Gedanke. Sie hatte sich von Locker einschüchtern lassen! Er hatte sie bestimmt überrumpelt. Niemals hätte er so die Nerven verloren, wenn er die U-Boote tatsächlich sprengen könnte.

Doch es war zu spät! Die rettende Kette war entschwunden.

Die Temperatur fiel. Lilo spürte, dass sie bereits am Bauch nass war.

Nur noch 50 Minuten. Offenbar funktionierte die Sauerstoffanzeige nicht so recht. Der Countdown lief wesentlich schneller als zu erwarten gewesen wäre.

Ein Scheinwerfer erlosch.

Die Gier nach Macht

„Dieses Problem wäre ich los!", sagte Mister Locker grimmig und schaltete die Funkanlage ab, mit der er zu den U-Booten Kontakt gehabt hatte. Die Knickerbocker konnten nun auch nicht mehr miteinander sprechen.

„Fernando? Wo sind Sie?", rief der Milliardär. Doch er erhielt keine Antwort.

Ächzend hoben die Winden den geheimnisvollen Container Zentimeter für Zentimeter aus dem Meer.

„Wie viel noch?", wollte Locker wissen.

„2000 Meter!", meldete einer seiner Männer.

„Fernando!", brüllte Locker abermals.

„Der ist sicher an Bord der ‚Medusa' gegangen!", teilte ihm ein Matrose mit.

Rupert Locker sah auf die Uhr. Seither waren mindestens dreißig Minuten verstrichen.

Der Milliardär stürmte über das Hinterdeck und blieb auf einmal verdutzt stehen: Die primitive Gangway zur „Medusa" war verschwunden. Der Fischkutter hatte sich bereits mehrere Meter von der „Helena" entfernt.

„Holt das Schiff zurück!", befahl er.

Langsam wurde die Mannschaft unruhig. Niemand begriff, was eigentlich los war. Gerüchte machten die Runde und das Misstrauen wuchs.

„Tut, was euch Mister Locker sagt!", rief der Kapitän. Er stand treu hinter seinem Boss.

An Bord der „Medusa" tauchte Larry auf. Er hielt eine Pistole in der zitternden Hand.

„Geben Sie auf, Locker!", verlangte er.

Der Jachtbesitzer wich überrascht zurück. „Wer sind Sie?"

„Unwichtig! Ich möchte nur, dass Sie aufgeben und garantieren, dass niemandem etwas geschieht. Zu Ihrer Information: Ich habe Ihre Frau bei mir. Los, rauskommen!", schrie er nach unten.

Schlotternd erschien Nadine Locker. Ihr Gesicht war von Tränen überströmt. „Tu, was er sagt, bitte!", flehte sie.

Die Miene ihres Mannes versteinerte sich. „Na und, haben Sie eben meine Frau. Ist mir doch egal", schnaubte er.

Mrs Locker stolperte schreckensbleich nach unten. Dort standen Dominik und Poppi.

Dieser Dreckskerl … er … er ist so mies und gemein! Ich habe es zwar immer geahnt, wollte es aber nie wahrhaben. Unser Plan klappt leider nicht!", jammerte die Milliardärsgattin.

„Die Küstenwache hat unseren Funkspruch erhalten. Sie schicken Militärhubschrauber. Sie müssten bald eintreffen", meinte Dominik und fügte ein leises „Hoffentlich!" hinzu.

An Bord der „Helena" brach eine Meuterei aus. Die Matrosen wollten endlich erfahren, was vorging.

„Es handelt sich um eine streng geheime und wichtige Bergung, die von Organisationen wie der Mafia und anderen Verbrechern verhindert werden soll!", erklärte Rupert Locker und klang dabei sehr glaubwürdig. „Ich sehe es als meine Pflicht an, für Recht und Ordnung zu sorgen, wenn es andere nicht tun. Deshalb die Geheimhaltung!"

Ein zustimmendes Raunen ging durch die Menge.

Mister Locker unterdrückte ein Grinsen. Er hatte die Leute wieder in der Hand.

„Noch 1000 Meter", las Lilo vom Tiefenmesser ab.

Ein Ruck hatte sie aus ihrer tiefen Verzweiflung gerissen. Axel hatte ihr Tauchboot von oben mit den Greifzangen gepackt. Mit voller Kraft strebte er nun der Wasseroberfläche entgegen.

Axels Hände waren schon völlig verkrampft und schmerzten höllisch. Doch er durfte den Griff keine Sekunde lockern. Entglitt ihm Lilos U-Boot, würde es wie ein Stein in die Tiefe sinken und seine Freundin war verloren.

Das Wasser in Lieselottes U-Boot stieg. Die Ritzen schienen größer zu werden. Aus dem Tropfen war bereits ein feines Sprühen geworden.

Aus dem eingedrungenen Wasser quollen dicke Luftblasen empor. Sie kamen aus dem Sauerstoffbehälter. Aber wie lange würde es noch blubbern?

Noch 900 Meter: Eine unendlich weite Strecke.

Vor Lilos Gesicht barst eine Metallnaht. Ein dünner Strahl spritzte ihr genau ins Auge. Sie schrie auf.

Fast gleichzeitig wurden die Sauerstoffblasen kleiner und kleiner.

„Ruhig, ganz ruhig und flach atmen!", ermahnte sich Lieselotte. „Wir schaffen es, wir schaffen es, wir schaffen es!"

Axels rechte Hand versagte den Dienst. Der Junge hatte keine Kraft mehr. Auch links hielt er nicht mehr länger durch. Die Schmerzen waren einfach unerträglich – noch 700 Meter.

„Nein!", schrie er, als seine Hände aus den metallenen Handschuhen rutschten. Die völlig verkrampften Finger waren weiß und blutleer.

„Lieselotte, Lilo!", brüllte Axel verzweifelt. Ihr U-Boot würde nun zurück zum Meeresgrund sinken.

Axel verlor das Bewusstsein.

Ein sirenenartiger Ton holte ihn wieder in die Wirklichkeit zurück. Durch die Luken fiel strah-

lendes Sonnenlicht. Er hatte die Wasseroberfläche durchstoßen. Er war gerettet!

Da fiel ihm Lieselotte ein.

„Nein, nein, das kann nicht sein!", stöhnte er. Er hatte versagt, in den entscheidenden Augenblicken versagt. Niemals würde er sich das verzeihen können.

Ein rotes Licht mit der Aufschrift „Emergency!" leuchtete auf. Er musste das U-Boot so schnell wie möglich verlassen.

Axels Körper war steif, und es kostete ihn viel Überwindung, sich aufzusetzen und sich umzudrehen. Es war wie in dem engen Betonrohr, durch das er immer als Kind gekrochen war. Er wusste, dass er den Kopf fest zur Brust ziehen musste, um die engste Stelle zu passieren.

Schließlich kippte sein Oberkörper nach hinten. Er lag nun mit dem Kopf zum Heck des U-Bootes hin und konnte das Verschlussrad betätigen. Zischend öffnete sich die Luke und Wasser strömte ein. Er tauchte hinaus und ruderte mit wenigen Stößen nach oben.

„Axel!", rief eine heisere, aber bekannte Stimme. „Wo warst du denn so lange? Ich habe deine Luke nicht öffnen können. Ich … ich war schon völlig verzweifelt!"

Es war wie ein Wunder. Nur wenige Meter von

ihm entfernt schwamm Lilo. Sie sah aus, als hätte sie zehn Nächte nicht geschlafen.

„Aber … aber ich habe doch losgelassen!", stotterte Axel.

„Du hast mich bis hinaufgezogen!", sagte Lilo, die kein Wort ihres Kumpels verstand.

Wahrscheinlich hatten sich die Zangen verspreizt und auch ohne den Druck von Axels Händen das andere U-Boot festgehalten.

Ganz in der Nähe erblickten die beiden Knickerbocker die „Medusa".

„Larry, da ist Larry!", keuchte Lilo. Die Erleichterung stand ihr ins Gesicht geschrieben.

Die beiden Juniordetektive boten ihre letzten Kräfte auf und kraulten zu dem Fischkutter. Sie riefen Larrys Namen.

Der Detektiv war außer sich vor Freude. Über eine Strickleiter kamen sie zu ihm an Bord, wo sie von Poppi und Dominik stürmisch begrüßt wurden.

„Es … es ist ein Wahnsinn … dieser Locker ist ein Verbrecher", stotterte Dominik aufgeregt. „Wir haben Hilfe gerufen, aber sie ist noch unterwegs."

„Er hat seine Leute davon überzeugt, dass nichts faul ist", stöhnte der Detektiv.

„Da können wir ihm aber einen dicken Strich durch die Rechnung machen!", erklärte Lieselotte.

„Seine Mannschaft muss nur im vordersten Frachtraum nachsehen, was sich in den Gipsfiguren befindet. Es handelt sich um Sprengstoff, mit dem er sie alle hochgehen lassen will!"

„Was?" Larry kippte fast aus den Schuhen. Er formte die Hände zu einem Trichter und rief den Seeleuten der „Helena" zu, was ihm Lilo gerade berichtet hatte.

Bereits Minuten später konnten der Detektiv und die Knickerbocker-Freunde beobachten, wie Mister Locker überwältigt wurde – und zwar von seinem eigenen Kapitän.

Drei Tage später lagen die vier Juniordetektive mit Larry Hunt am schwarzen Vulkanstrand von Santorin in der Sonne und erholten sich. Das hatten sie nötig.

Die Rettungsaktion war schnell und friedlich abgelaufen: Die sehnlichst erwarteten Hubschrauber waren bald gekommen und alle Seeleute waren unverletzt an Land gebracht worden.

Professor Bock war am Boden zerstört, dass er einem Schwindler auf den Leim gegangen war, der früher im Zirkus aufgetreten war.

Die Warnungen vor seiner Abreise hatte er von Bobby erhalten, der sich schon vor längerer Zeit in Lockers Team eingeschlichen hatte.

„Die ganze Sache wird aber streng geheim gehalten und auch ihr seid zu absolutem Stillschweigen verpflichtet!", erklärte Larry Hunt den vieren mit ernstem Gesicht.

„Was war in dem Container am Meeresgrund?", wollte Lilo endlich wissen.

„Atomare Brennstoffe – Material, um eine Atombombe zu bauen. Damals im Dschungel hat es sich um eine ähnliche Fracht gehandelt. Rupert Locker hatte mit seinen Milliarden nicht genug. Er wollte Macht. Er wollte die Welt in Angst und Schrecken versetzen. Das Flugzeug und das Schiff haben Terrororganisationen gehört, in die er Spitzel eingeschleust hatte. So wusste er von geheimen Atomtransporten und hat dafür gesorgt, dass sie im Urwald und im Meer verschwanden. Er hat die Unfälle so perfekt eingefädelt, dass selbst seine Komplizen dachten, das Material wäre verloren. Nun wäre es ihm beinahe zum zweiten Mal geglückt, die wertvolle und gefährliche Ladung für sich sicherzustellen."

„Arme Mrs Locker!", sagte Poppi mitfühlend.

„Sie lässt euch grüßen und ausrichten, dass ihr die nettesten Teens seid, die ihr je begegnet sind. Sie will sich in Zukunft um Kinder kümmern und sich nicht länger im Luxus langweilen."

„Und Bobby?", fragte Lilo.

„Der wird bestimmt von einem Sicherheitsdienst engagiert werden. Er hat gute Arbeit geleistet, wenn er auch am Schluss etwas zu viel riskiert hat", meinte der Detektiv.

„Der gefällt dir, nicht wahr? In den hast du dich verknallt!", zog Axel seine Freundin auf.

„Quatsch!", knurrte Lieselotte. Nach einer Weile sagte sie aber: „Eigentlich würde ich ihn gerne wieder sehen."

Ihre Kumpel grinsten.

Larry Hunt schüttelte seufzend den Kopf. „Ich dachte, es geht um eine kleine Überwachung – und dann das! Aber es ist unglaublich, wie gut ihr eure Sache gemacht habt!"

„Auf ein nächstes Mal! Du hast doch hoffentlich weitere Fälle für uns! Für die Knickerbocker-Bande 2000!", riefen Axel, Lilo, Poppi und Dominik übermütig.

„Mal sehen!", murmelte Larry. Ihm war gerade eine Geschichte eingefallen, die ihn schon lange beschäftigte. Mit dem Geheimnis auf der Insel der letzten Drachen kam er einfach nicht weiter …

LESEPROBE

Axel hatte am Nachmittag einen Plan gefasst: Für ihn stand fest, dass Benno und André mit den Geistern etwas zu tun haben mussten. Sie darauf anzusprechen, traute er sich nicht. Es wäre bestimmt auch sinnlos gewesen, da die beiden ihm keine Antwort gegeben hätten.

Noch immer wusste er nicht, was die Jungen in der Nacht im Park zu schaffen gehabt hatten. Ausgesehen hatte es wie eine Übergabe an einen Unbekannten, der von ihnen nichts wissen sollte.

Aber was war übergeben worden?

Andrés Verschwinden zwischen den beiden Gebäuden hatte er auch noch nicht erklären können. An diesem Nachmittag hatte es die ganze Zeit genieselt und deshalb war es den Schülern nicht erlaubt gewesen, in den Park zu gehen. Axel musste seine Nachforschung also auf später verschieben.

Als er am späten Nachmittag zum Speisesaal unterwegs war, in dem sich ein Getränkeautomat befand, waren ihm André und Benno durch Zufall über den Weg gelaufen. Da sie zu den Ältesten gehörten, durften sie jeden Nachmittag das Internat verlassen und in die Stadt gehen. Sie mussten sich nur vor dem Verlassen des Hauses in ein Buch eintragen und bei der Rückkehr wieder löschen.

Hinter einem Türstock stehend schielte Axel um die Ecke und beobachtete die beiden. Kaum waren sie draußen, lief er zu dem Buch und schlug es auf. Sie hatten angegeben, etwas besorgen zu müssen, und als Zeitpunkt der Rückkehr das Abendessen genannt.

Das bedeutete, dass Axel Zeit hatte, ihr Zimmer einmal unter die Lupe zu nehmen. Mit klopfendem Herzen und weichen Knien näherte sich Axel dem Trakt, der von den älteren Jungen bewohnt wurde.

Wieder kam ihm das Glück zu Hilfe. Der Großteil der Burschen spielte Basketball und hatte ein auswärtiges Match zu bestreiten. Auf den Gängen war es still. Nur in einem Zimmer war ein Radioapparat zu hören. Wahrscheinlich war vergessen worden, ihn abzudrehen.

Es war nicht so einfach, die „Gruft" zu finden. Der Jungentrakt war auf mehreren Ebenen angelegt, die Treppen bildeten ein Labyrinth. Nach einigem Suchen fand Axel endlich die Tür, neben der die Namen von Benno und André standen.

Prüfend sah er nach links und rechts. Es war weit und breit niemand zu sehen. Axel hielt die Luft an und lauschte in den Gang. Keine Schritte. Keine Stimme. Kein Geräusch.

Erwartungsgemäß war das Zimmer abgesperrt. Für Axel stellte das aber kein großes Problem dar. Nicht nur das Haus war alt, sondern auch die Schlösser der Türen. Mit Hilfe seines Spezial-Taschenmessers gelang es Axel nach einigen Versuchen, das Schloss zu öffnen.

Er trat ein und drückte die Tür leise hinter sich zu. Er konnte nur hoffen, dass Benno und André nichts vergessen hatten, das sie vielleicht zum Umkehren bewog.

Wie Poppi berichtet hatte, war der Raum, in dem er sich befand, klein. Ein tiefes Fenster führte in den Garten hinaus. Man musste es nur öffnen und einen großen

Schritt machen, schon stand man im Freien. Diese Gelegenheit wollte Axel nützen: Er drehte den matten Messinggriff und zog den Fensterflügel auf. Die Scheiben waren nicht gut eingekittet und klirrten leise.

Geschickt turnte Axel ins Freie, wo ihn eine feuchte Kälte empfing. Der Nieselregen war fein, ließ seine Sweaterjacke und die Jeans aber sofort klamm und nass erscheinen. Axel schlich die Mauer entlang zu der Stelle, an der der schmale Durchgang begann. Sehr auffällig war er nicht. Wenn man schnell daran vorbeiging, konnte man ihn leicht übersehen.

Wie in der Nacht setzte Axel Fuß vor Fuß. Sein Blick wanderte dabei am rauen Verputz der Mauern auf und ab. Leise zählte er seine Schritte mit, bis er die Stelle erreicht hatte, an der André in der vergangenen Nacht verschwunden zu sein schien. Als er den Kopf nach hinten neigte und hoch sah, wurde ihm schlagartig einiges klar.

In einer Höhe, die der große, sportliche André mit einem kräftigen Sprung erreichen konnte, befand sich eine Stange zwischen den Mauern. Wahrscheinlich diente sie als Stütze, damit die alten Bauwerke nicht eines Tages einstürzten. André musste sich also abgestoßen und die Stütze gepackt haben. Darüber kam noch eine und dann noch eine. Sie waren schwarz, und deshalb hatte Axel sie wohl in der Nacht übersehen.

Über diese Riesenleiter war André also hochgeklettert. Aber was hatte er dort oben getan?

Axel schwenkte die Arme und ging federnd in die Knie. Mit aller Kraft katapultierte er sich selbst in die Höhe und streckte die Hände nach der Metallstange aus.

Seine Finger rutschten ab und er fiel zu Boden. Davon ließ er sich jedoch nicht entmutigen, und nach einer kurzen Verschnaufpause, in der er neue Kräfte sammelte, unternahm er den nächsten Versuch. Diesmal mit Erfolg.

Er zog sich nach oben und schwang die Beine über die Stange. Nachdem er aufgestanden war, musste er aber feststellen, dass die nächste Stange für ihn zu hoch war. Einen Sprung wagte er nicht, da die Gefahr abzustürzen zu groß war. So viel er von seiner Position aus sehen konnte, war André über die Stangen auf das Dach geklettert. Wohin war er von dort gegangen?

Da er nichts weiter ausrichten konnte, sprang Axel wieder hinunter und kehrte in das Zimmer zurück. Vorsichtig schloss er das Fenster. Als er einen Schritt machte, entdeckte er die Erdspur, die er hinterließ.

„Mist", schimpfte er und schlüpfte aus den Sportschuhen. Den Schmutz wollte er später wegwischen, zuerst kam das Zimmer an die Reihe.

Der kleine Raum bot nichts, was irgendwie besonders gewesen wäre. Schreibtische mit einem Chaos aus Heften, Büchern und Mappen, zwei offene Schränke, aus denen Hosen und Hemden lugten, ein zerschlissener Sessel, dessen Bezug einmal bunte Karos gehabt hatte.

In der linken hinteren Ecke war ein Loch im Boden, in das sich eine Wendeltreppe aus Metall schraubte. Axel schlich sie hinunter und erreichte den Schlafraum, der noch kleiner war. Es stimmte tatsächlich, dass er keine Fenster besaß. Die Betten waren nur durch ein Nachtkästchen getrennt, auf dem sich Comichefte stapelten. Außerdem wurde eine ganze Wand von einem eingebauten Schrank eingenommen.

Neugierig trat Axel an den Schrank heran. Er griff nach den Messingknöpfen der Türen und zog daran. Doch sie ließen sich nicht öffnen. Da keine Schlüssellöcher oder Riegel zu sehen waren, mussten die Schranktüren entweder klemmen oder auf eine andere Art blockiert sein.

Axel versuchte nun die beiden anderen Schranktüren, hatte aber auch dort kein Glück.

Oben hörte er, wie die Zimmertür mit einem leisen Klick zuging. Der Schreck schoss ihm durch alle Glieder.

Benno und André waren zurück und er saß in der Falle. Hier unten würden sie ihn entdecken, und bestimmt würden sie nicht sehr freundlich mit ihm umgehen. Das einzige Versteck, das er sah, war unter dem Bett. Er zögerte nicht, ließ sich auf den Bauch fallen und rutschte unter das Bett, das fast direkt am Schrank stand. Seine Schuhe, die er in der Hand getragen hatte, zog er nach. Der Raum zwischen Boden und Matratze war sehr schmal und Axel konnte kaum atmen.

Auszug aus:
„Das Internat der Geister"
Knickerbocker-Bande, Band 57
von Thomas Brezina
ISBN 3-473-47074-0

DIE KNICKERBOCKER-BANDEN-CHECKLISTE

KREUZE EINFACH DIE KNICKERBOCKER-BÄNDE AN, DIE SCHON IN DEINEM REGAL STEHEN.

- ❏ 1 Rätsel um das Schnee-monster
- ❏ 2 Ein Ufo namens Amadeus
- ❏ 3 Lindwurmspuk vor Mitternacht
- ❏ 4 Wenn die Turmuhr 13 schlägt
- ❏ 5 Bodenseepiraten auf der Spur
- ❏ 6 Das Phantom der Schule
- ❏ 7 Die Tonne mit dem Totenkopf
- ❏ 8 Wo ist der Millionenstorch?
- ❏ 9 Treffpunkt Schauermühle
- ❏ 10 Der Fluch des Schwarzen Ritters

- ❏ 11 Die Nacht der Weißwurst-Vampire
- ❏ 12 Schokolade des Schreckens
- ❏ 13 Der Ruf des Grusel-kuckucks
- ❏ 14 Jagd auf den Hafenhai
- ❏ 15 Das Zombie-Schwert des Sultans
- ❏ 16 SOS vom Geisterschiff
- ❏ 17 Die Rache der Roten Mumie
- ❏ 18 Kolumbus und die Killerkarpfen
- ❏ 19 Die Gruft des Barons Pizza
- ❏ 20 Insel der Ungeheuer

DIE KNICKERBOCKER BANDE ®

Thomas Brezina

DIE KNICKERBOCKER-BANDE®

Ratekrimis

Jede Menge spannende Fälle

**für alle Hobby- oder Meisterdetektive
und Super-Knickerbocker
gibt es in den Ratekrimis
von Thomas Brezina:**

Gift für den Killerwal

Wenn der Wolfsmann heult

Die Gänsehaut-Orgel

Pferdehof in Gefahr

Die Geisterkatze zeigt die Krallen

Es tanzen die Vampire

Raub beim Ritterfest

Schloss Schauerlich

Der Schatz am Meeresgrund